RYAN

CAMBIE SU CEREBRO

Hábitos diarios para construir fortaleza mental. Como entrenar su mente a través del pensamiento positivo y cambiar su mentalidad para cambiar su vida.

Descripción

Su éxito en la vida depende ampliamente de las cosas que pasan en si vida y la forma en que usted las percibe. Mientras su ambiente juega un gran papel en la forma en que se comporta y piensa, existe más que solo su ambiente. Existe la posibilidad, de que, si usted fuese sometido a las mismas condiciones que otra persona, sus reacciones a las cosas todavía podrían ser diferentes. Esto es porque a pesar del ambiente, la naturaleza de los humanos es dinámica. Mientras usted puede reaccionar negativamente a algunas coas, otra persona puede reaccionar positivamente a ellas.

Considerando que la mente es responsable de nuestros pensamientos, primero es importante notar que la mente no trabaja independientemente sin importar si es la mente consciente o inconsciente. Como se explica en las primeras partes de este capítulo, la mente consciente toma pistas del cerebro, así como también del ambiente para actuar. Estas pistas son, tanto un resultado de nuestras experiencias, así como también de la influencia de nuestro ambiente inmediato. Esto nos ayudara a recoger y procesar los datos, tomar decisiones, dar respuestas de una forma meditada, así como también de controlar nuestra memoria a corto plazo. También existe la influencia de nuestra configuración biológica en la forma en que pensamos y esto es parte de lo que sucede en la mente inconsciente. El ambiente y las experiencias de una persona también contribuyen a este aspecto.

Mientras algunos psicólogos creen que la naturaleza juega un rol más grande en el Desarrollo cognitivo, otros creen que la crianza juega un mayor papel el desarrollo cognitivo de una persona. Cuando uno piensa en la mente de las personas y como esta funciona, parece valido decir que la naturaleza y la crianza interactúan para determinar la forma en que las personas piensan y reaccionan ante las cosas.

Esta guía se enforcará en lo siguiente:

- Descubrir su cerebro
- Su mente inconsciente
- Programación Neuro- lingüística

- Comenzar a cambiar sus hábitos
- Desarrollar autocontrol para vivir una vida más feliz
- Pensamientos positivos
- Mentalidad
- Liberarse
- Establecer una rutina
- Ejercicios para aplicar a la vida diaria... ¡¡¡Y MAS!!!

Introducción

Como un individuo y como un humano, existe la necesidad de que usted entienda cómo funciona la mente porque este conocimiento le permite utilizar la fuerza combinada de la mente consciente y la subconsciente para así pensar de una forma más saludable, resilente, flexible y en apoyo de las metas.

Si puede dominar la forma en que su mente trabaja, su autoestima se mejorará de forma tal que tendrá muchos menos trastornos emocionales y mayor posibilidad de lograr las cosas que quiere en la vida.

La mente inconsciente también ayuda en la formación y el mantenimiento de los hábitos, ya sean buenos o malos.

Por qué Piensa de la Forma en que lo Hace

¿Alguna vez se ha preguntado porque algunas personas son más reactivas que otras? Esto sin importar si ellos han pasado por situaciones difíciles o no. Ahora, aquí está la diferencia entre el rol del ambiente y la crianza de la persona. Tomemos, por ejemplo, a dos personas que han vivido en un ambiente problemático. Debido a que han existido crisis en sus ambientes inmediatos, ambos han experimentado muchos disparos y muertes en medio de otras condiciones adversas. Cuando son sacados de este ambiente, se espera que ellos se conviertan en personas más relajadas.

¿Qué sucede si, en su estado de relajamiento, existe el sonido de un disparo? Existe la posibilidad de que mientras la persona A pueda entrar en pánico y pensar en huir y evitar el peligro inminente, la persona B puede no ser tan reactiva porque puede haberse dicho a si misma que ha pasado por cosas peores de donde ha venido. Mientras que ambas reacciones nacen de sus experiencias, el resultado de ella, el cual es el miedo o la valentía, provienen de su crianza.

Esta es la razón por la que hermanos que han sido criados bajo las mismas condiciones no necesariamente pueden tener el mismo carácter. Mientras una puede ser más valiente, el otro puede ser más cobarde. Los psicólogos describen este fenómeno como el rol de la naturaleza y la crianza en el Desarrollo cognitivo de una persona.

Capítulo 1 Descubra Su Cerebro

Como funciona su cerebro

Mente Consciente: ser consciente significa estar completamente atento de lo que está sucediendo a su alrededor y responder acorde a ello, nuestra mente consciente es practica y analítica. La mente consciente tiene un rol importante al responder a los estímulos. No tiene memoria por su cuenta y puede mantener solo un pensamiento a la vez. Identifica la información y pasa el efecto motor a nuestros órganos sensoriales y nuestras partes del cuerpo para tomar acción. La mente consciente también es capaz de comparar cosas. Ciertos recuerdos almacenados en nuestra mente subconsciente son recordados por nuestra mente consciente para comparar la situación actual con situaciones previas. Aún más, nuestra mente consciente puede analizar pensamientos y sacar conclusiones de ellos. La función más importante de una mente consciente es que ayuda a tomar decisiones.

Mente subconsciente: Nuestra mente subconsciente está en control de todas nuestras acciones involuntarias y es un almacén de pensamientos emociones y sentimientos. Las acciones involuntarias como los latidos del Corazón, la respiración, los movimientos peristálticos y el funcionamiento de los órganos son controlados por la mente subconsciente. También almacena todas las piezas de información que recibe por un periodo de tiempo más largo que nuestra mente consciente. Cosas que hacemos sin saber son resultado del funcionamiento de su cerebro subconsciente como no nos damos cuenta que estamos respirando a menos que tomemos el control a la fuerza, similarmente no nos damos cuenta que estamos comenzando a desarrollar sentimientos a menos que tomemos control sobre ellos con nuestra mente subconsciente.

Funcionamiento de la corteza: la corteza cerebral es una fina capa que cubre la porción externa del cerebro y cubierta por meninges. La corteza cerebral también es referida como la materia gris porque los nervios de esta área carecen de aislamiento lo que hace que la mayoría de la otra parte del cerebro aparezca blanca. La corteza cerebral consiste en surcos llamados sulci y abultamientos llamados gyri.

Si incrementa el área superficial del cerebro y la cantidad de materia gris también incrementa. Un aumento de la materia gris, incrementa la cantidad de piezas de información pueden ser procesadas. La corteza cerebral tiene tanto áreas sensoriales como áreas motoras. El Tálamo envía señales sensoriales a las áreas sensorial para procesar información.

Las funciones de la corteza cerebral son:

1) Determinación de la Inteligencia
2) Determinación de la personalidad
3) Conducción de las funciones motoras
4) Planificación y Organización
5) Procesar piezas de información sensorial
6) Procesar el lenguaje
7) Sensación táctil

Al realizar investigaciones los científicos relacionan el mecanismo del cerebro a la función del comportamiento. Un artículo reciente describe como la corteza visual ve. El área de la corteza visual está compuesta de hasta 6 capas principales de células. Este circuito de células ayuda a realizar el proceso de aprender a desarrollar la atención y la visión en 3D a través de una combinación horizontal, interacciones de arriba hacia abajo y de abajo hacia arriba. El objetivo principal de este experimento era mostrar como las regiones de la corteza ayudan en el aprendizaje y el desarrollo.

Cambiando su cerebro

Nuestro cerebro siempre está cambiando, es dinámico y se remodela continuamente en relación al ambiente, el entorno, las personas y la información que percibe, sin embargo, nuestro enfoque o la forma de ver las cosa se vuelve estática con el tiempo.

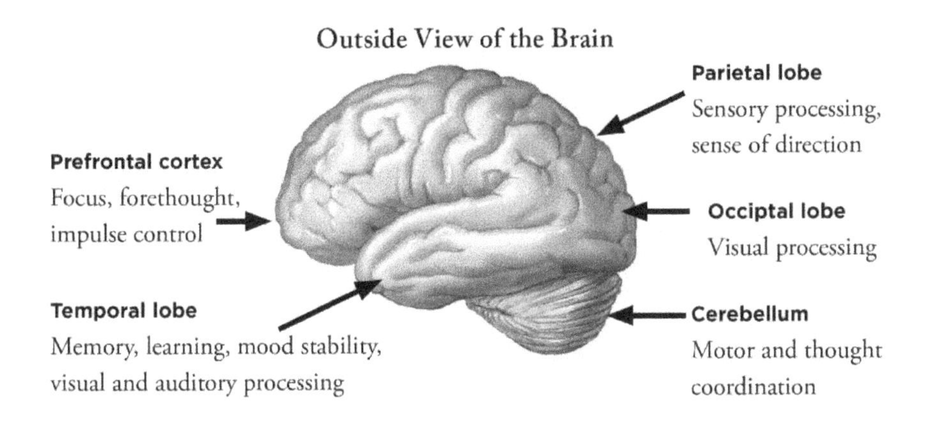

¿Sabe por qué?

Todo sucede por los paradigmas que resultan de las viejas creencias, ideología, religión, y pensamientos dominantes que mantenemos en nuestra conciencia. El paradigma es la forma habitual de pensar, e influencia la forma en que vemos las cosas.

Reconfigurar su cerebro significa reestructurar el paradigma y la percepción al mirar las cosas, situaciones y circunstancias con un enfoque diferente. La mayoría de las personas en nuestro tiempo están viviendo con un paradigma negativo o con la carencia de uno; se enfocan en los aspectos negativos o débiles de cada situación. La fuerza detrás de este enfoque negativo es el Miedo. ¿Pero Que es el Miedo?

El miedo es simplemente ver y esperar que algo vaya mal en el futuro. Y como lo esperamos, las cosas van mal ya que todos los pensamientos trabajan para ello. Al reconfigurar nuestros cerebros; tratamos de enfocarnos en una forma optimista y esperanzadora de ver las cosas. Pero, ¿Que es la Esperanza?

La esperanza es diferente del miedo ya que se enfoca en la fe de que algo hermoso está esperando por nosotros en el futuro. La fe es esperar grandes cosas y pacientemente creer en lo no visto. Tanto el miedo y la fe trabajan en algo en el futuro, pero que escogemos en nuestros paradigmas. El paradigma no es algo que puede ser cambiado de la noche a la mañana, pero para reconfigurar su cerebro el mejor momento es ahora.

Consejos para reconfigurar su cerebro

Siempre seguimos pensando y lamentándonos acerca de nuestra pasado y futuro, como resultado, nos perdemos de las cosas que suceden en nuestro presente. El presente es el momento en el cual nuestra vida está sucediendo, y si Podemos aclarar nuestra mente, podemos entender que es el momento presente el cual eventualmente se convierte en nuestro pasado y futuro. Por lo que, aprender a calmar su mente, dejar ir las cosas que detienen su vida.

Trate de tomar conciencia en el momento presente porque es el momento en el que toda la creación está sucediendo. Todas las cosas que queremos saldrán de este momento.

Reconfigurar el cerebro significa simplificar el complejo proceso de toma de decisiones, evaluar las diferentes opciones, reorganizar el proceso de pensamiento. La tranquilidad mental da mayor libertad y alegría en la vida al convertirse en lo que pensamos.

Los paradigmas le dan una percepción de que todo a su alrededor, como las personas, lugares, comunidad, y religión. Nuestros alrededores y vecindarios influencian la mentalidad o creencias que poseemos. Un hábito es algo que hacemos regularmente y de una forma similar. Reflejan las elecciones y preferencias de una persona. Ellos son Buenos y malos hábitos. Los Buenos hábitos nos ayudan a aumentar nuestras habilidades, conocimientos, y mejorar nuestra salud. El gimnasio la natación, leer, y ejercitarse son algunos de los hábitos que son considerados como buenos hábitos ya que ellos suman a nuestro bienestar físico, emocional y mental. Las cosas que adversan el funcionamiento de nuestro cuerpo y obstaculizan nuestras habilidades y productividad son malos hábitos. Algo malo, no placentero, dañino, o indeseable es un mal hábito.

Debemos entender que el tiempo es limitado y no renovable. Para ganar algo, debemos dejar algo. No Podemos tener todo de una vez en la vida. Tenemos que escoger nuestro enfoque y prioridades.

Primero que todo, analice sus hábitos y luego integre sus nobles hábitos a su estilo de vida.

Involúcrelos uno a la vez para no perder el enfoque de lo que es clave.

La prioridad es clave cuando se trata de organizarlos.

Tomará algún tiempo y compromiso.

El éxito es un proceso continuo.

Estudios del cerebro adulto en las últimas décadas han demostrado que el cambio de las necesidades y experiencias de un individuo cambia la forma en que funciona el cerebro. Se ha visto que la funcionalidad del cerebro se detuvo a los 30 años.

El cerebro es un órgano complejo, a pesar de los enormes logros en cuanto a la capacidad de comprender y actualizar la actividad del cerebro. Resulta que todavía somos enanos en la comprensión de mecanismos específicos.

En tiempos de estrés, el cerebro tomará el camino menos sutil, y usará la menor cantidad de energía posible en la toma de decisiones, por lo que volverá a los hábitos.

Las emociones positivas no son las únicas que pueden reconfigurar nuestro cerebro, las emociones negativas como el estrés y la ansiedad también pueden tener impactos graves.

Se requiere de un entrenamiento constante para reconfigurar el cerebro; éste mejorará la habilidad de ignorar información irrelevante que puede resultar en una reacción cerebral obstaculizada a los eventos emocionales.

Meditación consciente, viajar y mantenerse tan lejos del estrés como sea posible.

Inside View of the Brain

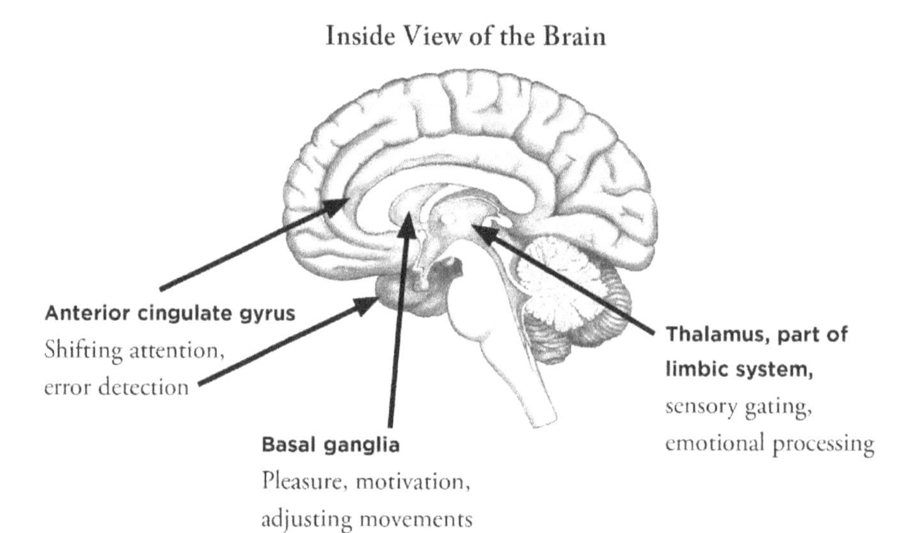

EFT para abordar las emociones negativas y la ansiedad

EFT significa Emotional Freedom Technique (Técnica de Libertad emocional) o Emotional Freedom Tapping (golpes de libertad emocional). Esta técnica aborda las emociones como una experiencia de adaptación causada por el asentamiento de los sentimientos en el entorno actual. El propósito principal de la técnica EFT es liberar las ansiedades emocionales a través de los caminos de la energía. Este es un proceso en el que la ansiedad puede ser liberada obtener el golpe en una posición específica de los caminos de energía presentes en nuestro cuerpo.

Capítulo 2 Entendiendo a la mente, Problemas Subconscientes, y Respuestas Automáticas

Usted tiene sensaciones dentro de su cuerpo que corresponden a ciertas emociones, y junto con el evento y las experiencias crean un recuerdo.

En cambio, ese recuerdo se convierte en algo en lo que usted piensa una y otra vez hasta que eventualmente se convierte en una creencia y usted comienza a formar acciones alrededor a ella.

A partir de estas creencias vienen las percepciones acerca de usted y el mundo que lo rodea, y usted comienza a vivir su vida de acuerdo a este recuerdo y a su construcción química. De esta forma, su cuerpo está directamente conectado al evento o experiencia original y a la mezcla de químicos que su cuerpo le da en ese momento.

Extrañamente esto puede ocurrir incluso cuando usted no recuerde nada.

Tengo gran cantidad de personas que vienen y dicen "Tengo un sentimiento. No sé por qué me siento de esta forma. No recuerdo mucho de mi niñez, por lo que realmente no sé de dónde viene."

Yo mismo he tenido esta experiencia. Esto es lo que se ahora.

El cerebro es un armario de almacenamiento. El guarda estos eventos, ya sea que los recuerde o no. El cultiva la emoción por la mezcla química que segrega en su sistema al tiempo de que mantiene registro de lo ocurrió exactamente. Cuando algo comienza a pasar a su alrededor, su cerebro comenzara a buscar algo adentro con que relacionarlo, y le devolverá cualquier cosa que encuentre que se parezca con valor emocional.

Este es el equivalente a su mente subconsciente. Se dice que su mente subconsciente está hecha de 95% de su actividad mental diaria. En otras palabras, solo el 5% de su actividad mental viene de su mente consciente, o las cosas de las que está realmente consciente.

Si esos eventos y experiencias, con sus químicos y emociones relacionadas, son almacenadas en la mente subconsciente, en un lugar que usted incluso no está consciente. Si usted está viviendo de recuerdos y emociones a causa de los químicos y hormonas que están afectando su sistema y estos no están alineados con las cosas que usted está tratando de hacer en ese momento, usted notara un problema. Aquí es cuando las personas pelearan, lucharan, o incluso renunciaran a un Proyecto o sueño y dirán que ello solo no son lo suficientemente buenos para hacerlo.

Aquí está un ejemplo. Su nombre es una pieza muy importante de lo que usted, es como usted se reconoce y como otras personas lo reconocen, no solo verbal si no también visualmente. Piense sobre eso- con el sonido de su nombre no solo viene una señal auditiva sino también una visual. Existen también sentimientos, emociones, recuerdos, ideas, y creencias asociadas con el sonido de su nombre. He trabajado con muchas personas en este punto, tanto hombres como mujeres, quienes, cuando comenzamos a probas su sistema, encontraron que reaccionan fuertemente al sonido de su propio nombre. Cuando su nombre señala estrés en el Sistema, es la primera cosa que debemos aclarar. Estas personas usualmente sienten palpitaciones, dolor, o ese viejo sentimiento en las entrañas de que algo terrible va a pasar.

El nombre siempre es uno de las raíces de la niñez. La persona puede venir de una familia en la que se usa su nombre como una clase de arma. El estrés creado en el Sistema no fue atendido y, con el tiempo, se convirtió en un gran problema. Usted responde automáticamente a los químicos creados por problemas de la infancia.

La buena noticia es que, si su nombre es un problema, arreglarlo es muy sencillo. Es tan fácil como sentarse y pensar en su nombre, diciéndolo repetidamente en su mente mientras mantiene en a su cerebro en un estado mental hasta que el problema se libere y la percepción cambie. Yo hago esto constante mente como parte de mi trabajo, y es interesante ver cuánto puede cambiar cuando ese solo problema es arreglado.

Si usted lo piensa por un minuto, escuchar el sonido de su nombre y tenerlo como causa de una reacción visceral negativa realmente puede arruinar su vida.

Una mujer con la que trabaje paso la sesión entera sol con su propio nombre. Ella era una secretaria de escuela y escuchaba decir su nombre todo el tiempo. Los miembros de personal y los estudiantes iban a su oficina, y siempre comenzaban lo que iba a decir con su nombre. Eso suena razonable. Siempre querían algo de ella. Eso también suena razonable, después de todo ella era la secretaria. Debido a su posición estaba bombardeada escuchando su nombre, sus problemas empeoraron progresivamente hasta que ella no pudo soportar el sonido de su nombre, y comenzó a pensar cosas como:

“Solo quiero matar a todo el mundo.”

“Estoy tan cansada de estar en la oficina.”

“Odio mi trabajo.”

“Odio a mi jefe.”

“Todo es un desastre.”

Eso suena realmente mal, pero es lo que el estrés hace. Mientras más sucedía, más se acumulaba en su sistema y más tensa se encontraba. Ella sabía que existía un problema; ella sabía que estaba empeorando. Ella solo no sabía que estaba causándolo o por que se sentía de esa forma. Una vez que comenzamos a trabajar juntos, ella reconoció que, en su infancia, hubo un incidente que contribuyo a esto. Y tenía el mismo sentimiento que el que ella sentía cuando la llamaban por su nombre.

Una vez que trabajamos para deshacer esta tensión y resistencia a escuchar el sonido de su nombre, ella me reporto en menos de día y medio que todo era muy diferente. Ella ahora se podía sentar en su oficina y estar en paz. La dejé con algunas herramientas para continuar limpiando las energías negativas de sí misma y de su lugar de trabajo, y para trabajar con las personas que entraban y salían de su oficina, para que entendieran que no les era permitido traer sus energías negativas adentro. Ella tuvo que aprender a tener una conversación sobre lo que estaba sucediendo, así como también para asegurarse de que su nombre estaba libre de cualquier resistencia para que así cuando las personas lo dijeran, se pudiera sentar calmadamente y afrontar lo que fuera necesaria.

Su resistencia a su nombre provenía de algo que le había sucedido cuando era mucho más joven. Se sorprendió en conocer en el transcurso de nuestro trabajo que cuando ella decía su propio nombre, el fondo de su estómago se sentía como si estuviera subiendo por su garganta. Ella me dijo que la impacto el darse cuenta de que eso la hacía sentir de esa forma- pero era exactamente la misma forma en que la hacía sentir cuando estaba todo el día en su oficina. Esta fue una gran pista de que el problema estaba en su subconsciente.

El estrés del subconsciente puede afectar su vida en muchas formas, y para mi cliente, significaba que simplemente escuchar su decir su nombre, la hacía no querer ir al trabajo. Trastornó su habilidad de hacer su trabajo y de hacerlo eficientemente.

Deshacerse del estrés del problema significo que el trabajo estaba mejor, ella estaba calmada y era capaz de pasar el día otros inconvenientes en su vida.

Mi pasado

Para me, el estrés subconsciente de decir "te odio" y pensar que todo era difícil ha volteado mi vida de cabeza. Desde trabajar con mi propio hijo quien tenía enormes luchas emocionales y físicas, a trabajar en una casa con tareas pendientes y trabajar tiempo completo como un chef de pastelería en donde me tenía que continuar moviendo a pesar de lo que me estuviera sucediendo a mi alrededor, siempre fue una lucha. El estrés subconsciente se acumuló hasta que no tenía idea de que estaba sucediendo.

Mi respuesta automática era quedarme tranquilo y moverme más rápido. Tratar de esconderme mientras hacía lo que tenía que hacer. O apagarme y no hacer nada en lo absoluto.

Mi vida era un desastre.

El estrés subconsciente puede venir de diferentes lugares, así como el estrés en general. Ambos pueden provenir del ambiente, sus experiencias, sus pensamientos repetitivos, e incluso de su imaginación. Sin embargo, existe una diferencia entre ellos.

Estrés vs. Estrés Subconsciente

Todos los días conozco personas que exhiben los síntomas de estrés. Lo interesante es que mientras ellos algunas veces hablan de estos síntomas, cerca de la mitad de las veces, ello ni si quiera se dan cuenta de que están estresados. Es bastante común para las personas estar estresados y sin embargo no entender que en realidad es algo bueno que el cuerpo se lo haga saber.

Sin embargo, físicamente, esto resulta en situaciones negativas como patrones de dolencias y enfermedades. En la medicina homeopática y muchas otras prácticas de salud holística, el estrés es reconocido por ser capaz de causar desbalances dentro del cuerpo. Cuando esta estresado, algunas partes del cuerpo trabajan sobretiempo mientras que otras se apagan completamente.

Aquí esta una lista que encontré en el sitio web de un practicante Ayurvedrico de 10 señales a que puede observar para reconocer el estrés subconsciente:

1. Se ha vuelto más olvidadizo de lo usual.

2. Tiene síndrome de intestino irritable o reflujo (SII).

3. Frecuentemente tiene dolores de cabeza por tensión.

4. Usted desarrollo tips nerviosos, especialmente en el área de los ojos.

5. Se ha vuelto irritable y su temperamento estalla rápidamente.

6. No está durmiendo bien de noche.

7. Parece que está durmiendo bien pero siempre esta exhausto de todas formas.

8. Tiene problemas enfocándose en una cosa a la vez.

9. Tiene alta presión sanguínea.

10. Algunas veces se enferma como resultado de un sistema inmunológico débil.

Si usted esta exhibiendo una o más de estas señales de estrés, es una buena idea discutir su estrés y el manejo del mismo con su doctor u otro profesional de la salud calificado.

¿Así que, como sabemos si la raíz de nuestro estrés proviene del subconsciente o de los estresantes del día a día? No existe una prueba definitiva, pero el estrés subconsciente casi siempre es formado en una niñez traumática- por ejemplo, tener padres que eran agresivos o estaban estresados, no tener cubiertas de forma consistente necesidades básicas tanto físicas como emocionales, o solo vivir generalmente en malas condiciones.

Una gran cantidad de las personas con las que he hablado dicen haber tenido una buena niñez, pero también tiene algunos problemas que persisten por 15 o más años, con síntomas que no tienen sentido. Esto hace un buen caso para tener una práctica en Desarrollo para ayudar a atender las situaciones y el estrés. Es una Buena razón para cuidar al cerebro y mantenerlo limpio, deshacerse de viejos desordenes del subconsciente al realizar constantemente cosas que revitalicen y renueven su mente a diario.

Puede pasar que incluso si usted piensa que su niñez en general fue Buena, existió solo un pequeño, e impactante evento. Tal vez se cayó de un caballo, presencio una tragedia, o escucho palabras agresivas o poco amables. Tal vez usted fue parte de algo para lo que, como niño, usted no tenga palabras o explicación por lo que ahora como adulto se tienen que reconciliar con ellos.

Me gusta describir el estrés subconsciente como algo a lo que usted no puede precisar, no tiene una razón real para eso. Puede no tener una forma apropiada de explicar el lugar en que se encuentra o la forma en que se siente en una situación. Estas cosas crean patrones o ciclos que están hiriendo y obstaculizando su progreso en la vida.

Estoy seguro que los problemas físicos derivan del estrés psicológico cuando las personas vienen a mi diciendo que han trabajado y trabajado en esta cosa y no parece que nunca se va a ir por que ellos no pueden liberarse, cuando aparentemente no hay explicación, puedo decir que el problema es un problema subconsciente. Recuerde, la mayoría de los protocolos de terapia funcionan desde el punto de vista de la mente consciente.

La medicina generalmente funciona desde el punto de vista de los síntomas. La medicina busca cubrir los problemas, no atender el problema original. Es como si usted está tratando de convencerse a sí mismo de algo más que de lo que realmente está sintiendo. Es completamente diferente cuando puede soltar situaciones del subconsciente y sentir diferencias y ver evidencias en su vida...

Un buen ejemplo de esto es este hombre que vino y me pregunto, "Si digo estoy calmado y confiado" cuando no lo estoy, la mente tiene un conflicto. ¿Y eso no es Bueno, entonces que hago?" esto es como utilizar una afirmación. Las afirmaciones son inútiles, a menos que sean dichas muchas, muchas veces, y generalmente solo golpean al nivel de tu mente consciente y mientras puede hacerle sentir bien y positivo en ese momento, no se queda adherido al subconsciente- no desarrollo un nuevo circuito.

En un punto este hombre tomo medicinas para aliviar la incomodidad del problema, con el tiempo este se volvió peor y tuvo mayores ramificaciones debió a efectos colaterales de lo prescrito.

El conflicto está dentro de su cerebro, el vivió algo en su vida joven que le dio los caminos para decir que él no es calmado o confiado. Vino con un destello emocional, e incluso ahora, tiene un sentimiento a ello.

El tomo esto como verdad y construyo una creencia. Los circuitos fueron construidos, y ahora es una creencia principal. Pero él quiere ser calmado y confiado. Él dice que ve a otras personas que lo aparentan todos los días. ¿Porque él no puede?

Por lo tanto, decirse a sí mismo algo que o bien no cree fundamentalmente o no puede producir evidencia en su vida sólo llevará a un conflicto. Esto persistirá hasta que ocurra algo que te sacuda, o el subconsciente sea capaz de liberar y reiniciar la información.

Hay algunas maneras de hacer esto fácilmente. La meditación te llevará allí eventualmente. La hipnosis te llevará allí si tienes un buen practicante. Con un buen estado emocional elevado, sucederá más rápido.

Como Funcionan las Sesiones de Reconfiguración Mental

Con la mayoría de la gente con la que trabajo, desmantelamos la creencia limitante. Esto es para derribar la mentira, la cosa en la que crees. Es la creencia por la que has estado viviendo que simplemente no es verdad, sino que te lo dijeron o lo aprendieron y ahora lo interpretas en tu vida diaria.

La verdad es que probablemente podrías ir a través de tu vida y señalar lugares cuando estabas tranquilo y confiado, pero esos lugares eran fugaces y nunca tuviste un buen apuro químico que lo hiciera pegar. Para hacer el cambio permanente, encontramos esa prisa química. Creas un sentimiento que envía una nueva señal, entonces sembramos la nueva información, y luego sacamos a relucir esa emoción aumentada para ponerla en su lugar con los químicos que hacen sentir bien al sistema.

Tenemos que enseñar al cuerpo una nueva forma de sentir en lugar de la vieja forma de sentir que has hecho durante años. La vieja forma eventualmente causará enfermedades y problemas en el cuerpo. El estrés y los problemas que obstaculizan tu progreso te mantendrán en el pasado en lugar de crear un gran futuro y disfrutar del presente.

Debemos enseñar al cuerpo a encontrar la nueva sensación y a aferrarse a ella y añadir nuevos circuitos que le permitan seguir pensando de forma diferente. Los nuevos circuitos se crean cuando imaginan, sueñan y deciden vivir una realidad diferente.

¿Como sé que funciona?

La forma en que lo sabemos es a través de la evidencia experimental. ¿Qué fruta estás produciendo? ¿Qué está sucediendo en tu vida que te muestra esa diferencia? Si no hay diferencia, no hay fruto, entonces sé que nos hemos equivocado. Sólo he visto que eso sucede un par de veces.

En algún momento, tienes que empezar a decirle al cuerpo lo que quieres que haga. Tienes que ordenar las acciones necesarias para hacerte cargo de tu vida. ¡Acércate y toma el control! La vida es un placer y el mundo se convierte en tu ostra cuando ordenas a la autoridad.

Capítulo 3 Su mente Inconsciente

¿Qué es su mente Inconsciente?

A lo largo de este libro utilizare el termino inconsciente en lugar de subconsciente. Los dos términos subconsciente e inconsciente pueden ser intercambiados.

"la mente subconsciente" implica que esta debajo de nuestras habilidades conscientes y es menos que su igual. Como observara aquí es ciertamente igual sino superior. El término "Mente Inconsciente", sin embargo, muestra que es un proceso continuo que esta fuera de su conciencia consciente. No este enfocándose en ellos de momento en momento. Su mente maneja los sistemas que lo mantienen vivo, protegido y luchando cada momento de su vida, sin que usted tenga que pensar en ello.

La auto hipnosis utiliza el poder de su mente inconsciente para traer cambios positivos en sus hábitos, salud, aspecto, comportamiento y creencias.

Su mente inconsciente

Solo una muy pequeña fracción del total de su consciencia está en su mente consciente en cualquier momento. Usted solo puede mantener 7 +/-2 bits de información en su consciencia en un momento dado, eso es que varía entre 5 y 9 piezas (en promedio 7) de persona a persona.

Su mente inconsciente almacena y organiza

Su mente inconsciente almacena y organiza todos sus recuerdos, experiencias y conocimientos. Todo lo que ha experimentado consciente o inconscientemente es archivado en su memoria inconsciente, incluso si no puede recordarlo. Esta almacenado en su propia e individual forma con una lógica particular para cada individuo. Todo el mundo codifica recuerdos y aprendizajes secuencialmente y en orden cronológico, de otra forma no tendríamos sentido del tiempo, pero todos tenemos nuestros propios filtros y prioridades que hacen que ciertos recuerdos o aprendizajes aparezcan al frente de nuestra mente.

Mientras dormimos nuestra mente inconsciente arregla todas nuestras experiencias del día en nuestro orden lógico personal. Cuando soñamos, ese arreglo de experiencias (incluyendo pensamientos internos, fantasías y preocupaciones) aparecen en una secuencia sin sentido mientras su mente crea los enlaces y conexiones entre eventos no relacionados para comprenderlos y encajarlos en su vista del mundo.

Su mente inconsciente no procesa negativas.

Palabras como "no" y "nunca", no son tomadas en consideración por nuestros procesos de pensamiento inconsciente. Si se dice a sí mismo" no quiero comer pastel", está siendo interpretado como "Quiero comer pastel" con el énfasis en comer pastel. Al pensar en no querer, usted solo está llevando la mente al pastel; el foco está en el pastel. Si usted no fuera a pensar en un rinoceronte morado en este momento... pero es muy tarde ya usted pensó en él. Al yo escribir esa oración, he atraído su atención. Para que usted no piense en eso tiene que primero (aunque extremadamente rápido) pensar en ello para no pensar en ello. Esto le muestra como las palabras y propagandas de otras personas, le afectan incluso si usted no les está prestando atención conscientemente.

La Esfera de la Percepción

Todos tenemos una esfera de percepción que nos rodea. Usted puede imaginar esto como una gran burbuja que alcanza las fronteras de nuestros sentidos.

Todo en nuestro campo de visión desde el extremo izquierdo al derecho tan lejos como podamos ver.

Piense en las veces cuando está haciendo algo y desde la esquina de su ojo fue inmediatamente atraído a una araña o a algo que está a punto de caerse de una bandeja, o las veces cuando usted está en la calle y de repente está consciente de algo que está sucediendo al final del camino, tal vez sea un choque de carros o personas reuniéndose debido a un evento especial como una celebridad presentándose en una tienda.

Todo en nuestra esfera de conciencia auditiva

Esta va más allá que nuestra visión. Los límites de nuestra visión estas definidos por la geografía de la ubicación presente, no podemos ver a través de las paredes y tampoco ver detrás de nosotros. Pero podemos oír a través de algunas paredes y podemos oír lo que sucede detrás de nosotros. Cuando piensa que alguien ha dicho su nombre inmediatamente se levanta y busca alrededor, porque es tan familiar a nosotros, que estamos constantemente pendiente a nivel inconsciente del particular sonido vocal de nuestro nombre. Podemos escuchar algo en la distancia que no Podemos ver e inmediatamente sentir una reacción emocional a ello. El sonido de problemas al doblar la esquina, el sonido de nuestro tren alejándose cuando todavía estamos a 100metros de la estación, el camión del helado pasando por la calle vecina antes de llegar a la nuestra.

¿Sintió eso?

Nuestra esfera de consciencia táctil abarca más de lo que usted pudiera darse cuenta. Podemos sentir el calor del sol en un día de verano. Eso es un ejemplo extremo por su puesto, pero podemos sentir las vibraciones en el suelo y también tenemos una pequeña sensibilidad a los campos eléctricos. El sentido de los animales es mucho más fuerte; los perros comienzan a ladrar y los caballos se alteran cuando una tormenta eléctrica se acerca y también los animales comienzan a huir cuando un terremoto es inminente. Nosotros también solíamos tener esta alta sensibilidad a cambios en la atmosfera, en un estado más primitivo cuando estos sentidos solían ser integrales para la vida y la muerte a diario. Con el tiempo hemos perdido este estado alterado porque ya no lo necesitamos. Pero rastros de esos estados todavía permanecen en una forma muy sutil. Nuestros ojos son alertados y atraídos hacia el movimiento.

Nuestro oído está más en sintonía a ciertas frecuencias como la frecuencia del llanto de un bebe, nuevamente un instinto de supervivencia primitivo.

Algunas veces usted sabe cuándo algo va a suceder. En algunos casos, esto es todos sus sentidos recogiendo las pistas en un nivel primitivo fuera de su conciencia consciente y enviándole señales de peligro. En muchos casos donde las personas que fueron víctimas de violencia fueron entrevistadas, ellos dirán" tenía un mal presentimiento de que algo iba a pasar, pero no confié en mis instintos." Eso es tu inconsciente recogiendo todas las pistas que están fuera de la conciencia consciente, micro gestos demasiado rápidos de registrar, incongruencia en el movimiento, inflexiones en la voz y otros gestos y signos fuera de lo común.

Olfato

Tu sentido del olfato en tu esfera de percepción, puedes escoger el olor del gas inmediatamente porque le agregan el mal olor para alertarte. Cuando la comida está podrida, lo sabrás mucho antes de que intentes meterla en tu boca. El olfato es el más evocador de los sentidos que inducen a la memoria. Sólo tienes que oler algo que no has olido desde que eras un niño para reactivar los recuerdos asociados con ese tiempo y lugar.

Su esfera de percepción es un sentido continuo de la conciencia de todo lo que está sucediendo alrededor en todo momento y está fuera de su pensamiento consciente. Tu mente consciente se limita a sí misma alterando el tamaño de la esfera dependiendo de dónde estás en un momento dado. Si estás en una playa solitaria o caminando en un campo serás consciente de tu entorno mucho más que si estás en una ciudad concurrida. Esto se debe a los 7+/- 2 bits de información. Cuanta más información o cuanto más ocupado esté el lugar en el que se encuentre, más restringida será su esfera consciente. Te sentirás abrumado si conscientemente intentas asimilarlo todo al mismo tiempo. Si estuvieras en un campo con sólo tú y 3 árboles, entonces bien, puedes ser plenamente consciente de todo el campo y los árboles y el espacio en medio. Pero si pones a otras 600 personas en ese campo sólo serás consciente de las personas que te rodean, sin importar los árboles. Su esfera de conciencia es proporcional a la cantidad de información en la esfera.

Sistema de consciencia aguda

El sistema de conciencia aguda es un término que he creado para cubrir uno de los principales conceptos que voy a utilizar a lo largo de este libro.

Hay momentos en los que las cosas son llevadas a tu conciencia, notas coincidencias y sigues viendo las mismas cosas en todas partes. Me digo a mí mismo que no veo muchos coches verdes y de repente, a los 5 minutos de caminar por la calle, veo un coche verde y luego otro y otro. Durante las siguientes 2 o 3 semanas sigo viendo coches verdes por todas partes y me doy cuenta de que hay más coches verdes de los que pensaba que había.

No he llamado a la existencia de cientos de nuevos coches verdes. Ahora estoy más en sintonía con la búsqueda de coches verdes y soy más consciente de ellos a nivel inconsciente. Tu mente inconsciente está buscando activamente coches verdes y los trae a tu atención. Tu mente inconsciente trabaja mucho tiempo después de que tu mente consciente haya abandonado la idea. Decirte a ti mismo "No veo muchos coches verdes por ahí" ha llevado la idea de los coches verdes a tu foco inconsciente. Ahora notarás que los coches verdes sobresalen cada vez que pasas por delante. Porque te estás enfocando en eso a un nivel inconsciente que es lo que va a prevalecer en tu vida.

Aquí hay un ejemplo de cómo su mente le trae a su atención cosas en su esfera de percepción e incluso las crea para usted a través de su conciencia aguda:

Fenómeno del teléfono fantasma; usted sale por el día y coloca su teléfono en su bolsillo o bolso, ya sea en vibración porque no cree que lo oirá o en el tono de llamada y sólo espera que sea lo suficientemente distintivo para resaltar del fondo y otros tonos de llamada. 10 minutos más tarde estás caminando y sientes que tu teléfono vibra en tu bolsillo, comprueba si ha llegado un texto o si alguien te está llamando y encuentras que tu teléfono no ha sonado en absoluto; sin texto, no hay llamada. Guardas tu teléfono y unos minutos más tarde vuelve a suceder. Vuelves a comprobarlo, la misma historia: no hay texto, pero puedes sentirlo vibrando en tu bolsillo.

Debido a que llevas tu teléfono, se espera que en cualquier momento recibas un mensaje de texto o una llamada telefónica, no quieres perder una llamada telefónica en caso de que sea importante y permites que una pequeña parte de ti le preste atención todo el tiempo que estés fuera. En un nivel inconsciente estás constantemente comprobando y volviendo a comprobar si está vibrando. Pero al mismo tiempo, usted está ocupado en otras actividades; caminando, prestando atención al tráfico y su atención se centra principalmente en los aspectos visuales y auditivos de su esfera de percepción, mirando y escuchando su entorno. Así es como los carteristas consiguen trabajar de forma efectiva, saben que la gente no está prestando atención a la cinética (tacto y sentimiento) cuando hay mucha información visual y auditiva que tomar al mismo tiempo. (7+/-2 bits de información) No hay tantos carteristas merodeando por los campos como en las zonas más concurridas y pobladas. Sólo vas a revisar tu teléfono cuando esté vibrando ya que esa es la señal que da para alertarte (algunas personas podrían revisar cuando no vibra si la llamada, que están esperando es muy importante). Tu conciencia aguda te pone a prueba para ver si vas a estar alerta a la vibración del teléfono, sólo para llamar tu atención sobre esa parte cinética de tu percepción en caso de que la estés ignorando. Al crear falsas alarmas, está diciendo "¡no te olvides de tu teléfono!" y desvía tu atención consciente a tu bolsillo o bolso. Cuando lo revisas conscientemente, el inconsciente dice "bien, todavía están prestando atención, se los recordaré en unos minutos más".

He notado que cuando he experimentado esto personalmente, obtendría la falsa vibración en el mismo lugar de mi viaje cada vez. Eso es porque cuando llego a ese punto ha tomado una cantidad de tiempo suficiente para que mi inconsciente me alerte, o en ese lugar la cantidad de información que estoy tomando en mi esfera de percepción es suficiente para distraerme de cualquier sensación kinestésica y perder cualquier llamada telefónica que pudiera recibir.

Su sistema de conciencia aguda trabaja a través del filtro de sus creencias encontrando y acumulando pruebas para apoyar esas creencias. Habrá cosas en las que creas fuertemente porque la evidencia está siendo constantemente validada o no se ha proporcionado ninguna evidencia contraria; la gravedad, la noche siguiente al día, el hielo es frío, etc...

Hay cosas en las que no crees mucho, no estás seguro de que sean verdad. Tienes evidencia de apoyo, pero también se ha proporcionado evidencia contraria o la evidencia de apoyo es débil y podrías razonar lógicamente que no es verdad; fantasmas, rumores sobre la gente, historias que te ha contado un amigo sobre algo que les pasó etc...

Entonces tienes cosas que no crees en absoluto. Sabes que son inventadas y que son ficticias o mentiras porque no hay pruebas de apoyo o sólo existen pruebas contrarias; cuentos de hadas, películas y programas de televisión, ficción en libros etc...

Tanto la fuerte creencia como la falta de creencia en las categorías directas, no buscamos pruebas de apoyo ni a nivel consciente ni inconsciente. No salimos todos los días con el ojo puesto en el sol para ver si no se va a poner esta vez. No salimos todos los días esperando ver magos y superhéroes. Lo que estos dos niveles de creencia tienen en común es que los aceptamos y rechazamos sin que se nos pase por la cabeza. La fuerte creencia es un hecho y si lo dejamos así, nunca hay dudas que se arrastren. El "no creas abiertamente" lo aceptamos como una fantasía y nunca dudamos de que no existe. Son excluidos por nuestro factor crítico de pensamiento. Si ese factor crítico no existiera, entonces creeríamos todo lo que leemos, vemos en la TV y nos dicen.

Pero las débiles creencias, pueden oscilar entre creerlas y dudar de ellas en una fracción de segundo. Encontramos evidencia tanto externa como interna para apoyar esas débiles creencias, pero luego esa evidencia es rechazada por una evidencia contraria o la fuerza de otra creencia existente que contrarresta la débil creencia.

Las creencias débiles pueden ser positivas, negativas o neutrales.

1. Una creencia débil positiva es cuando sólo crees algo positivo sobre ti mismo, pero luego las dudas se arrastran haciéndote sentir inseguro. "Debería ser capaz de hacer eso"
2. Una creencia negativa débil es cuando la duda es el componente principal pero luego tienes momentos en los que sólo quieres ir por ella. "No podría hacer eso"
3. Una creencia débil y neutral es aquella que no te afecta de ninguna manera. No tiene consecuencias para ti. "Puede que no sea capaz de hacer ala delta". Si no tienes intención de intentarlo todo. Sigue siendo negativo en esencia, pero está lo suficientemente alejado de tu experiencia como para no importar. "Si jugara para el Arsenal, probablemente sería bueno." Esto es positivo en esencia, pero una vez más alejado de su experiencia lo suficiente como para no afectarle el día a día (disculpas a toda el ala delta y a los futbolistas de la primera liga que lean esto).

Cuando una creencia es débil y estamos oscilando entre la duda y la creencia nuestra aguda conciencia está dando señales mixtas, es tanto rechazar y aceptar la evidencia en apoyo y contrario a la creencia.

En un momento nuestra mente está formada y estamos seguros, y al siguiente dudamos una vez más hasta que se encuentran pruebas concretas.

A veces esa evidencia concreta nunca es suministrada y la creencia permanece débil toda nuestra vida. A veces la evidencia concreta es rechazada porque una creencia opuesta más fuerte tiene prioridad.

Ejemplo de una Creencia Débil

Debería tener confianza en mí mismo para lograr X o Y.

Esta creencia puede ser débil porque has pasado por el escenario en tu cabeza y te has convencido a ti mismo de hacer la tarea, pero porque tienes una creencia más fuerte de que no puedes hacerlo, que se apoya en la evidencia de que nunca has intentado la tarea antes o has intentado algo similar y no has logrado lo que querías.

La oscilación entre la creencia y la duda existe en un estado en el que crees que puedes hacerlo cuando te convences a ti mismo de ello, pero cuando tc cnfrentas a la tarea dejas de hablar en positivo y dejas que las dudas se cuelen. Esto puede causar ansiedad cuando la débil creencia está siendo retrocedida más de lo que era antes de la tarea; usted se había convencido a sí mismo de la creencia, pero cuando la duda se deslizó en el último momento, usted falló, por lo tanto, tiene pruebas de apoyo en el sentido de que la auto discusión no funciona tampoco y la duda se activará en el último momento para arruinar la tarea.

De nuevo, usando la misma creencia, pero esta vez la duda es también una creencia débil. Tienes confianza para completar la tarea, pero nunca la has probado o algo similar, creando una duda que está al mismo nivel que la creencia. La oscilación entre la duda y la creencia va a ser mayor. Podrías notar este manifiesto en las mariposas de tu estómago o en los cambios de humor. Un momento emocionado por la perspectiva, el siguiente intimidado por la tarea.

Las emociones de nerviosismo y excitación son muy similares en la forma en que las experimentamos, siendo el factor decisivo la interpretación que le damos al sentimiento. Es cierto que algunas cosas por las que estamos decididamente nerviosos (¿trabajo dental importante?) y algunas cosas por las que estamos decididamente excitados (vacaciones) podemos sentir la diferencia y los síntomas inmediatamente. Pero esas experiencias límite donde tanto las creencias débiles como las dudas oscilan continuamente, no estamos tan seguros de cómo están reaccionando nuestras emociones y respuestas físicas.

Cuando se usan palabras como "debería, podría, podría, tal vez" entonces esto suele indicar una creencia débil.

- ***"Debería estar bien más tarde"***
- ***"Podría estar en lo cierto acerca de esto"***
- ***"Podría tener éxito aquí"***
- ***"Probablemente soy lo suficiente bueno "***

Leyendo esas 4 afirmaciones se puede ver como hay dudas que se arrastran y con qué facilidad eso podría pasar de una débil afirmación positiva a una débil negativa. No sólo convirtiendo "debería" en "no debería" y "podría" en "no podría" y "podría" en "podría no" y "tal vez" en "tal vez no", sino mezclando las palabras débiles y utilizándolas todas en los diferentes contextos sustituyendo un débil positivo por otro débil negativo. Esto es algo de lo que hay que ser consciente en tus patrones de pensamiento

- ***"Podría no estar bien más tarde"***
- ***"Probablemente no estoy bien con esto"***
- ***"Podría no tener éxito aquí"***
- ***"Podría no ser lo suficientemente bueno"***

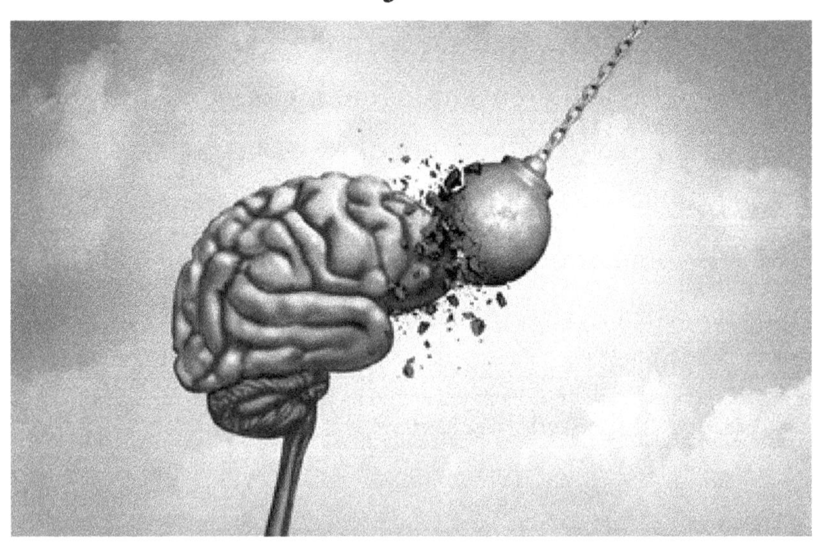

Sabiendo que esas palabras debilitan una creencia, podemos utilizarlas para debilitar las creencias negativas que tenemos sobre nosotros mismos. Algo en lo que antes pensabas de plano "No puedo hacer esto". Puedes debilitarte sólo con pensar "Puede que no sea capaz de hacer esto". Con sólo añadir esas palabras de creencia débil se ha dado un paso para cambiar la creencia negativa que era fuerte y debilitarla, quitándole parte de su poder. No hay conflicto interno porque sigues manteniendo la misma creencia en lugar del polo opuesto sin ninguna evidencia que la apoye.

Porque sabemos que las creencias débiles oscilan entre las versiones positivas y negativas de la misma creencia (puedo hacer esto... no puedo hacer esto"). Debilitando la fuerte creencia negativa añadiendo palabras de creencia débil, la fuerte creencia negativa va a oscilar entre la débil creencia negativa y la débil creencia positiva, a veces pensarás positivamente sobre la creencia (podría ser capaz de hacer esto) y otras veces negativamente (podría no ser capaz de hacer esto) lo cual es un lugar mucho mejor que pensar siempre negativamente sobre ello.

Tu inconsciente está ahora mirando esa situación en un campo de juego más parejo y buscando pruebas que apoyen tanto las versiones positivas como las negativas de la misma creencia. Más importante aún, está buscando pruebas débiles para apoyar la creencia y necesitamos empujarlo para encontrar pruebas fuertes del lado positivo de la creencia y concentrarnos en buscar más pruebas positivas y dejar de lado las pruebas débiles y negativas por completo. Es mucho más fácil eliminar una creencia negativa débil fortaleciendo una creencia positiva débil opuesta que desafiar una creencia negativa fuerte.

Puedes hacerlo colocando una creencia en tu sistema de conciencia aguda y apoyando activamente esa creencia. Tu sistema de conciencia aguda entonces cambia a automático y busca evidencia de apoyo por sí mismo.

Capítulo 4 Programación Neuro Lingüística

¿Qué es la Programación Neuro Lingüística (PNL)?

La Programación Neuro-Lingüística es una ciencia relativamente nueva que estudia el cerebro y cómo reacciona y trabaja en ciertas situaciones. Fue fundada en los años setenta y desde entonces ha sido popularizada por personas como Tony Robbins, quien utiliza su profundo conocimiento de la PNL entre otras técnicas para ayudar a la gente a pasar de un estado de sufrimiento a uno de libertad.

Si desglosamos cada trabajo, podemos obtener una mejor comprensión de lo que se trata la PNL.

Neuro significa las conexiones en el cerebro. Nuestro cerebro tiene miles de millones de neuronas que están conectadas entre sí en diferentes secuencias y caminos. Nuestras conexiones neuronales cambian constantemente y se actualizan en base a los conocimientos y experiencias que adquirimos a lo largo de nuestras vidas. Por ejemplo, si yo dijera el nombre de Bill Clinton, probablemente tendrías una neurona asociada que vinculara ese nombre a una imagen de cómo es Bill Clinton. También puede tener otras conexiones que están ligadas a sus nombres como su esposa Hilary, su presidencia o su relación matrimonial. Esto muestra cómo funciona nuestro cerebro y cómo cada pensamiento puede estar conectado a un montón de otros pensamientos y recuerdos.

La lingüística representa el lenguaje. La PNL se centra en el aprendizaje del lenguaje de estas neuronas del cerebro para entender mejor de dónde vienen los procesos de pensamiento negativo de las personas y cómo ayudarles a crear activamente nuevas conexiones cerebrales. El lenguaje del cerebro es muy difícil de entender porque nuestros cerebros son muy complejos y el lenguaje puede ofrecer diferencias de una persona a otra. Sin embargo, tiende a haber algunos patrones centrales de cómo pensamos como humanos que pueden ser aplicados a todas las personas.

Cómo conectamos cosas como hablar en público con los sentimientos de estrés y ansiedad con la forma en que lidiamos con una ruptura al sentirnos heridos y a veces indignos de amor. Muchos de estos sentimientos son parte de la condición humana genérica y como tal podemos identificar cuándo están ocurriendo en otros y por qué están ocurriendo. Cuantos más patrones de lenguaje encontremos, más podremos ayudar a otros a romper el patrón y recodificar nuevos y más poderosos patrones.

La programación se utiliza generalmente en el mundo de la informática y se refiere al cambio o actualización de viejos programas para el software de la computadora. Sin embargo, viendo que la PNL mira al cerebro desde una perspectiva científica, podemos verlo como algo similar a un ordenador. Con ciertos procesos y pensamientos creando ciertos resultados, podemos por lo tanto teóricamente recodificar o programar el cerebro para pensar diferentes pensamientos para crear otros resultados más deseados. Mientras que la PNL a veces puede ser más un arte que una ciencia, la programación de los cerebros de las personas a menudo depende de la propia persona. El papel de los practicantes de PNL no es actuar como un salvador que reprogramará el cerebro de una persona para librarla de cualquier patrón de pensamiento negativo o derrotista, sino quc cs su trabajo ayudar a potenciar a las personas para que aprendan e identifiquen estos patrones en sí mismos para que puedan transformar sus propios pensamientos y por lo tanto sus experiencias de vida como resultado.

Suposiciones de la PNL

La PNL no asume que todo lo que enseña está basado en verdades centrales e innegables. Reconoce el hecho de que muchas de sus enseñanzas pueden ser subjetivas y porque es una ciencia que aún está evolucionando y cambiando se basa en muchas suposiciones. Estas presuposiciones o creencias de la PNL están ahí para ayudar a potenciar a los individuos. Si son 100 por ciento verdaderas o no es irrelevante si los resultados deseados pueden ser obtenidos a través de la creencia de que son verdaderas. Mientras que hay muchas presuposiciones de la PNL, pueden ser categorizadas en seis principales. Estas son:

El Mapa no es el territorio

Asumir esta creencia tiende a llevar a una persona a ser mucho más tolerante con otras personas y sus diferentes puntos de vista. Mientras que muchas personas creen que su punto de vista es correcto y que es la única creencia verdadera, esto casi siempre no es cierto. Todo el mundo experimenta la vida a través de una lente diferente, ya que nadie tiene exactamente las mismas experiencias. Incluso si las tuvieran, dos personas interpretarían esas experiencias de forma diferente. Por lo tanto, nadie puede decir definitivamente que su visión del mundo es como realmente es. Todos estamos mirando sólo una instantánea específica del mapa y no podemos ver todo el territorio. Podemos decir algunas de las principales carreteras y pueblos, pero el Mapa no nos muestra todas las ondulaciones de las colinas y los baches que existen a lo largo de cada carretera. Darse cuenta de que su visión del mundo no es exactamente correcta es el primer paso para abrir su mente a considerar las opiniones de otras personas. Todo conflicto es el resultado de que la gente crea que sus mapas son el territorio. Una vez que nos deshacemos de esta creencia nos permite la libertad de crecer y aprender sobre otros mapas y otras visiones del mundo.

El pasado no es igual al futuro

Mucha gente tiene la falsa creencia de que lo que les sucedió en el pasado está destinado a sucederles de nuevo en el futuro. Creen que están destinados a repetir los mismos errores del pasado porque es parte de lo que son. Creen que su carácter y sus habilidades están fijadas. La PNL va en contra de esta creencia y sugiere que nuestro pasado no tiene que ser un predictor de nuestro futuro a menos que queramos que lo sea. PNL cree que podemos hacer un esfuerzo para trabajar en nuestros errores o fracasos del pasado para que podamos evitar que vuelvan a ocurrir. Cree en la capacidad de una persona para cambiar los patrones de pensamiento negativos y exaltar las creencias limitantes para tener éxito en el futuro. Esta creencia es el núcleo del crecimiento personal y de una mentalidad potenciada. A muchas personas les gusta vivir con la creencia de que su pasado será igual a su futuro porque les quita la responsabilidad de sus manos. Darse cuenta de que puedes crecer y desarrollar cualquier habilidad que necesites, requiere que te pongas a trabajar para llegar allí. Es mucho más fácil jugar el papel de víctima y culpar a otras personas o circunstancias externas por tu situación. Por ejemplo, alguien puede decir que nunca conseguirá un buen trabajo porque siempre se pone demasiado nervioso en las entrevistas de trabajo. Esto puede ser cierto por ahora, pero ponerse nervioso en una entrevista de trabajo es algo que muchas personas experimentan y sólo trabajando en el control de los nervios se puede lograr el resultado futuro deseado. Vivir con la creencia de que todas las entrevistas de trabajo en el futuro saldrán mal asegurará que eso es exactamente lo que sucede.

Todo es Posible

Los practicantes de la PNL creen que todo es posible. Todo en la vida es simplemente un problema a resolver. Puede que no sepamos exactamente cómo lograr algo en este momento, pero sabemos que hay ciertos pasos que podemos dar para abordar el problema. Mantener esta creencia permite a la gente abrir sus mentes a posibilidades ilimitadas para su futuro. Ayuda a la gente a darse cuenta de que no hay límite a su potencial de crecimiento personal y que cualquier miedo o preocupación con la que puedan estar viviendo puedc scr erradicado y superado. Pueden lograr cualquier cosa que realmente se propongan y pueden crecer hasta convertirse en la increíble persona que desean ser.

El Empoderamiento viene de la Responsabilidad

El papel de un practicante de PNL es ayudar a potenciar a las personas para que se ayuden a sí mismas. Mientras que los psicólogos y algunas otras profesiones tratan de resolver los problemas de la gente por ellos, los practicantes de PNL tratan de hacer que la gente desafíe sus propias mentalidades existentes y asuma la responsabilidad de cambiarlas. Reconfigurar el cerebro no es una solución rápida. Es un proceso por el que debes vivir diariamente y para lograr cualquier forma de resultados a largo plazo, debes tomar la responsabilidad de tu mentalidad en tus propias manos. En Spiderman, hay una gran cita que dice, "Con un gran poder, viene una gran responsabilidad". Pero, de hecho, lo contrario también es cierto. Con una gran responsabilidad, viene un gran poder. Al asumir la plena responsabilidad de todo en tu vida tienes el poder de cambiarla. Esto requiere que te alejes de la mentalidad de víctima en la que crees que la vida te sucede. Las personas con poder creen que la vida les sucede.

La edad no es necesariamente un buen juez de la madurez. Desarrollamos la madurez a medida que aceptamos más y más responsabilidad por nuestras vidas. Aunque todo lo que te pase en la vida puede no ser culpa tuya, sigue siendo tu responsabilidad lidiar con lo que te pase. Para usar un ejemplo extremo, puedes quedar paralizado en un accidente de coche que fue el resultado de un conductor borracho chocando contra ti. Podrías vivir el resto de tu vida revolcándote en la autocompasión y culpando al otro conductor por tu situación y no muchas personas te culparían. Pero también puedes decidir responsabilizarte de tu nueva situación y decidir qué vas a ser feliz a pesar de tus circunstancias. Puedes decidir qué vas a encontrar una manera de volver a caminar. Puedes encontrar actividades divertidas para hacer mientras tanto para mantener tu espíritu en alto. No tienes que ser la víctima de tus circunstancias.

Las personas responden a la percepción, no a la realidad

A menudo tendemos a juzgar lo que nos pasa basándonos en nuestra percepción de los acontecimientos. Juzgamos a otras personas por lo que dicen y hacen, pero nos juzgamos a nosotros mismos por nuestras intenciones. Nos mantenemos en un estándar diferente al de los demás. Por ejemplo, supongamos que estás jugando al béisbol con unos amigos. Es tu turno de batear y te balanceas y pierdes la primera bola. Alguien detrás de ti empieza a reírse. Inmediatamente te enfadas y te enfadas con esta persona por reírse de tu swing perdido. En realidad, la persona estaba charlando con otro amigo y riéndose de una historia que le estaban contando. Sin embargo, nunca consideraste esta posibilidad y juzgaste sus acciones basándote en tu propia percepción de la realidad. Una percepción que te pone en el centro de atención. A menudo puedes pensar que todo lo que la gente dice o hace es una reacción hacia ti de alguna manera. Sin embargo, cuando los papeles se invierten y eres tú el que se ríe justo después de que una persona se balancee, no lo verás como algo grosero porque no te estabas riendo intencionadamente de ellos. Te juzgas a ti mismo por tus intenciones, incluso cuando tus acciones pueden ser groseras con la otra persona. Los practicantes de PNL son conscientes de que respondemos a las cosas basándonos en nuestra limitada visión de ellas y a menudo desde una perspectiva directamente personal.

Capítulo 5 Comenzar a Cambiar Sus Hábitos

Es hora de empezar a ver los problemas que tienes con algunos de tus hábitos en la cara y sustituirlos por otros más enriquecedores y muy positivos. Haz lo mejor que puedas para permanecer libre de juicios mientras haces esto, y para perdonarte a ti mismo por cualquier contratiempo menor.

Antes de comenzar a tratar de cambiar ciertos hábitos, puede ser mejor tratar de evaluar el nivel de cambio en el que se encuentra.

Este es otro punto donde el acceso a su cuaderno sería útil.

Las Etapas del Cambio

Revisa la lista que hiciste de los hábitos que quieres inculcarte en tu vida.

Ahora, vamos a pasar por lo que se llama las Etapas del Cambio: El Modelo Transteórico fue escrito en la década de 1970 por psicólogos que observaban a personas que intentaban dejar de fumar. Querían registrar las diversas etapas por las que todos pasaron que eventualmente los llevaría a tomar un enfoque proactivo en su cuidado de la salud.

Las etapas se enumeran a continuación:

1. **Pre- contemplación:** Las personas en esta etapa no planean tomar medidas en un futuro previsible, que se define como en un plazo mínimo de seis meses. La gente aquí no suele ser consciente de que su comportamiento no es bueno para ellos o para los demás. No son conscientes de los muchos pros que existen si deciden cambiar su comportamiento.
2. **Contemplación:** La gente en esta etapa en realidad comienza con la intención de empezar a recorrer el camino de la salud en un futuro previsible, al menos en los próximos seis meses. La gente puede no ver que su comportamiento es problemático, y son más reflexivos acerca de los pros que están involucrados en sus decisiones para hacer un cambio.
3. **Preparación:** La gente está lista en esta etapa para actuar en los próximos 30 días. La gente comienza a dar pequeños pasos hacia adelante, y creen que este cambio les ayudará a vivir una vida más saludable.
4. **Acción:** Dentro de esta etapa, la gente ha tomado medidas para cambiar su comportamiento e intenta seguir adelante con este cambio.
5. **Mantenimiento:** En esta etapa, la gente ha sido capaz de mantener su cambio de comportamiento durante al menos seis meses, y tienen la intención de mantener este comportamiento en sus vidas. Las personas en esta etapa también trabajan para prevenir la recaída en comportamientos viejos y poco saludables.

6. **Culminación:** En esta etapa final, la gente no tiene ningún deseo de volver a su comportamiento insalubre, y están seguros de que no van a recaer. (Esta etapa rara vez se alcanza ya que es muy definitiva; por lo general sólo se utiliza cuando se describen los problemas de salud y sus cambios).

Reconfiguración Neural Real

El uso de la palabra "reconfiguración" en el título de este libro no fue escrito para mostrarlo. La ciencia de la neurología, que es el estudio del cerebro y cómo afecta al pensamiento y al comportamiento humano, ha demostrado que hay varias maneras en que los humanos pueden realmente reformar el flujo de las neuronas que se mueven a través de su columna vertebral y su cerebro. Una vez se pensó que el cerebro de cada persona está conectado de cierta manera, y que se puede hacer muy poco al respecto a lo largo de sus vidas. Afortunadamente, a través de la aplicación de nuevos comportamientos y experiencias, esto no es un hecho y es algo sobre lo que tienes un vasto control.

La neuro plasticidad se refiere a la capacidad del cerebro para reorganizarse, tanto física como funcionalmente, a lo largo de toda la vida con las influencias del entorno, el comportamiento, el pensamiento y las emociones. La poda de neuronas se refiere al proceso natural del cerebro para extinguir cualquier neurona que no esté siendo disparada. Se fortalecen ciertas vías neuronales cuanto más se involucran en los mismos patrones de pensamiento, comportamiento, emociones, interacciones, etc. Así es esencialmente cómo funciona el aprendizaje de una nueva habilidad; empiezas de una manera, y si participas en este hobby de manera consistente, el camino neural que se asocia con él se hará más fuerte, más cálido, y más instantáneamente activado.

Este proceso es la clave para entender cómo funciona la inculcación de nuevos hábitos. Hay una razón por la que cuando trató de estirar sus músculos lesionados sólo tres veces la semana pasada, luego olvidó una semana, y luego sólo lo hizo dos veces más, que este comportamiento no se convirtió en un hábito. El camino neural simplemente no estaba lo suficientemente caliente, y las neuronas sólo se van a disparar cuando se les llame a menudo.

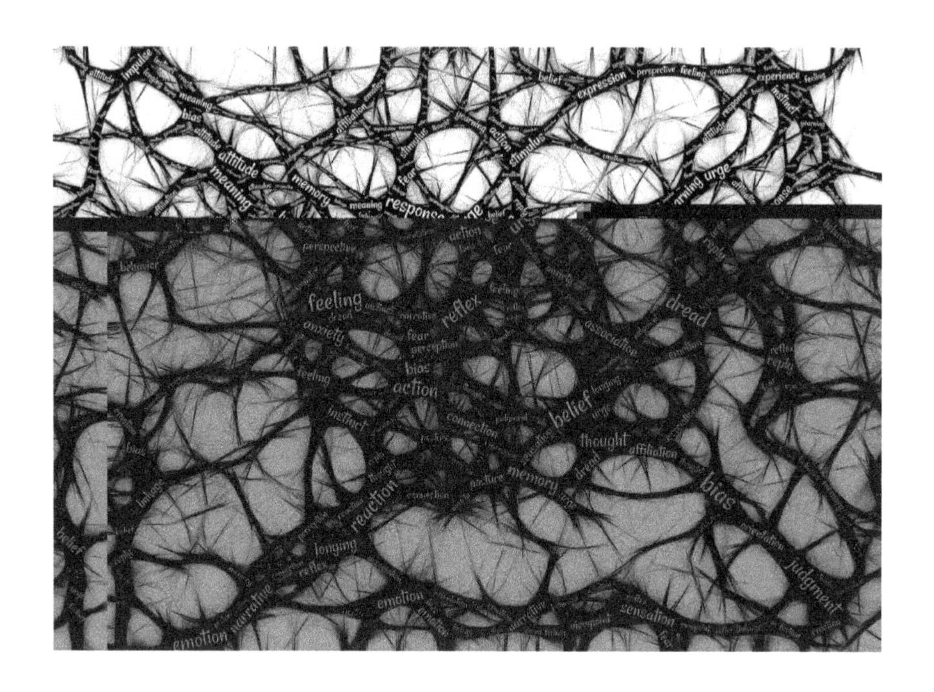

Pasos a Tomar para Comenzar a Crear Nuevos Hábitos

La siguiente es una plantilla que puedes aplicar a cualquiera de los hábitos que quieras crear para ti mismo, junto con los que quieras eliminar. Lee esta sección unas cuantas veces antes de escribirla de nuevo en tu cuaderno, para cada nuevo hábito que quieras formar.

1. **Identificar las Pistas:** Hay algo que tiene que desencadenar un hábito, y una señal puede ser realmente cualquier cosa que se relacione con él; tal vez el estrés hace que quieras comer, beber, o que un cierto pensamiento o publicación en los medios sociales te haga

querer postergarlo. Sea lo que sea, intenta fijarte en esto. Si esto es difícil para usted, trate de darse cuenta cuando esté teniendo un mal hábito, y luego regrese de allí. ¿Alguien te dijo algo? ¿Leyó algo en Internet? ¿Estás preocupado por algo? ¿Es mejor que te reflejes honestamente?

2. **Interrumpir:** Una vez que hayas notado las señales que desencadenan el mal hábito elegido, puedes empezar a tratar de quitártelo. Por ejemplo, si leer algo en los medios sociales te hace sentir mal de ti mismo y de tus habilidades, lo que te hace querer sentarte en el sofá y aplazarlo, intenta limitar tu actividad en los medios sociales, o al menos no hacerlo por la mañana o a la hora que te sientas más afectado.
3. **Reemplazar:** Las investigaciones han demostrado que, si se tiene en mente un hábito más positivo para reemplazar uno malo, es más probable que se deje de participar en el malo. El nuevo hábito interfiere con el antiguo, haciendo más difícil que tu cerebro se ponga en piloto automático y siga el camino de esas cálidas vías neuronales. Un buen ejemplo de esto es tratar de reemplazar los bocadillos nocturnos con fruta o algo más saludable; no tener comida chatarra disponible también puede ser otro paso para desarmar ese mal hábito alimenticio.

4. **Mantenerlo Simple:** Hacer nuevos comportamientos simplemente va en línea con los viejos comportamientos; esos eran fáciles también, por eso los has tenido por tanto tiempo. Hacer un nuevo hábito demasiado difícil hará que la aplicación del mismo sea mucho menos atractiva.
5. **Pensar a Largo Plazo:** Los hábitos se forman generalmente porque satisfacen impulsos a corto plazo. Sin embargo, los resultados de estos impulsos a corto plazo pueden durar un tiempo, como evitar limpiar los platos o estirar la pierna herida. Cuando se involucre en nuevos hábitos, trate de pensar en los efectos a largo plazo que esto tendrá en su vida, y en cómo lo está haciendo para su propio beneficio.
6. **Persistir:** Los hábitos son difíciles de romper, por eso se han escrito tantos libros sobre la formación de nuevos hábitos. Pedimos por la noche porque es fácil, y no queremos hacer la cena. Esto puede ser porque hemos tenido un día largo y cansado en el trabajo, y/o no trajimos suficiente comida para el almuerzo y no podemos molestarnos en hurgar una comida casera. También puede ser que no hayamos traído la cantidad adecuada de comida para el almuerzo porque no planeamos con antelación la noche anterior, quedándonos hasta tarde y tumbados en el sofá. Este tipo de hábito se conecta con muchos otros malos

hábitos, así que, si miramos esto como un ejemplo, dónde empezar sería empezar a hacer almuerzos para la semana que sean lo suficientemente sustanciosos como para sentirse lleno. Entonces, al final del día, tendrás más energía para cocinar una cena más saludable y financieramente sólida.

Inculcar un nuevo hábito va a llevar tiempo. Mientras revisa su lista de nuevos hábitos de conducta para aplicar, eche un vistazo a la siguiente lista, que le dará consejos sobre cómo puede mejorar su fortaleza mental mientras se esfuerza por tomar decisiones más saludables y felices.

1. **Crear Experimentos de Comportamiento para Retar a sus Creencias Autolimitantes:**
   Probablemente hay más de una razón por la que no has podido mantener un cierto hábito en tu vida. Puede que sufras trastornos de salud mental, o incluso que te hayas acostumbrado a un diálogo autodestructivo. Sea lo que sea, no le hace menos capaz que nadie ni significa que posea menos fuerza mental que otras personas. Sus creencias autolimitantes están simplemente tratando de convencerlo de estas mentiras. Como se ha dicho anteriormente, algunas de estas creencias autolimitadas tienen la capacidad de convertirse en profecías autocumplidas, porque sólo esperas un resultado negativo, o que no le vas a gustar a nadie. Así que, puede

que tengas que cambiarlas primero antes de empezar a buscar hábitos de comportamiento.

2. **Reemplazar el Lenguaje de Victima con Afirmaciones Empoderadoras:** Las creencias autolimitadas probablemente empeorarán por el uso constante del lenguaje de la víctima. Puede emplear esto dentro de su auto diálogo en el diario. Si te encuentras culpando a otros por cómo te sientes, o las circunstancias negativas de tu vida, detente. Este es el lenguaje de la víctima. Te hace sentir como si no estuvieras en control de tu vida diaria. Intenta reemplazarlo con afirmaciones de que sientes que ESTÁS en control; ¡porque lo estás! Mereces reconocer que estás en el asiento del conductor de la vida que estás viviendo.
3. **Practicar la Autocompasión:** Insultarte y menospreciarte no te va a motivar a intentarlo de nuevo, o a intentar cualquier otra cosa que sea un reto para el asunto. Si quieres hacerlo mejor, piensa en cómo hablarías con alguien que amas después de que cometa un error o algo negativo ocurra en su vida. Si eres una persona razonable, no te sentarías a insultarles durante horas y horas. Les mostrarías compasión, empatía y les apoyarías en la toma de nuevas decisiones sobre el futuro. Intenta hacer esto por ti mismo, y reconoce que esto sólo te ayudará a largo plazo, ya que derribarte a ti mismo sólo te hará sentir más insano e infeliz.

4. **Comportarse como la Persona en la que Se Quiere Convertir:** Desear que puedas ser de cierta manera no va a hacer que suceda. Deseando que puedas ser una persona de la mañana o una persona que hace ejercicio diariamente, no va a hacer nada, pero te hará sentir mal por ti mismo. Eres capaz de convertirte en estas cosas, y el primer paso para conseguirlo es intentar actuar como esa persona. Pregúntese, ¿qué haría una persona madrugadora también? Y sigue adelante con esas respuestas.
5. **Vivir en el Momento:** Esta será una noción repetida a lo largo de este libro, ya que la falta de vivir el momento es una causa consistente de infelicidad, falta de salud y varios trastornos de salud mental. Permanecer en el momento y obtener lo que se pueda de él es la única manera de mejorar y alcanzar el futuro que se ha estado planeando.

Dado que hay muchos hábitos que la gente, en general, quiere inculcar en estas vidas, este libro explorará algunos de los hábitos más comunes y penetrantes que pueden ayudar a que estés como un todo. Lo que se tratará en el resto de este capítulo será el hábito de crear límites, ser más asertivos, aprender a resolver problemas de forma constructiva, y cómo cumplir con ciertos horarios diarios.

Capítulo 6 Desarrollar el Autocontrol para Vivir una Vida más Feliz

Definición de Auto Control

Su capacidad para regular y alterar su respuesta predominante se define como autocontrol.

Esencialmente, es tu habilidad para manejar tus emociones, tus sentimientos y la acción que tomas. Es tu capacidad para retrasar la gratificación a corto plazo (que no es algo fácil de hacer, hay que reconocerlo), y para aguantar el mayor beneficio a largo plazo.

Esencialmente, es la capacidad de sacrificar tu felicidad a corto plazo por la promesa de una felicidad aún mayor en el futuro. El sacrificio, sin embargo, es algo con lo que mucha gente lucha.

No todo el mundo va a estar cómodo, o incluso tener la fuerza de voluntad suficiente para resistir la tentación y ser capaz de ir en contra de sus propios impulsos.

A menos que quieras algo lo suficientemente malo, estás dispuesto a renunciar a todo lo demás, la mayoría de las veces nos encontramos sucumbiendo a la tentación, sólo para descubrir que no nos da la felicidad duradera que esperábamos obtener.

El autocontrol no está destinado a despojarte de cualquier alegría forzándote a vivir una vida más restrictiva y guiada de lo que te gustaría.

De hecho, según Wilhelm Hoffman en un estudio realizado en 2013, fueron las personas con autocontrol las que mostraron los niveles más altos de felicidad.

Eran más felices porque podían lidiar con cualquier conflicto que surgiera mientras trabajaban para lograr su objetivo, y el autocontrol les impedía adoptar conductas que sabían que eran autodestructivas y no beneficiosas.

Era el autocontrol lo que les impedía tomar decisiones basadas puramente en los impulsos, y con las decisiones que tomaban, eran más felices por ello porque sabían que era lo correcto.

Todos podían beneficiarse de tener algo de autocontrol inculcado en sus vidas. Los beneficios que se pueden obtener al tener una dosis saludable de autocontrol incluyen:

- Tener esa motivación impulsada que le falta a mucha gente, que los lleva a ceder a su tentación de rendirse cuando les da la gana.
- Desarrollar una mejor comprensión de por qué necesitas hacer los sacrificios que tienes que hacer para el bien común.
- Ser lo suficientemente disciplinado para no rendirse a mitad de camino cuando las cosas se ponen difíciles, y terminar lo que se empezó.

- Te impide actuar impulsivamente.
- Te ayuda a mantener a raya la postergación. En lugar de dejar para mañana lo que puedes hacer hoy, lo haces hoy. En lugar de retrasar tus intentos de aprender a dominar tus emociones hasta que "llegue el momento", el autocontrol frena ese impulso de aplazar las cosas y te motiva a empezar hoy.
- Es menos probable que cedas a tus tentaciones en aras de la gratificación instantánea.
- Te da la motivación que necesitas para empujar tus límites e ir más allá. Cada vez que alcanzas una meta o un hito a través de la autodisciplina, te da ese impulso de confianza, orgullo, felicidad y satisfacción de haber logrado algo significativo.
- Te ayuda a desarrollar hábitos de vida positivos que te beneficiarán enormemente a largo plazo.
- Le enseña a mantenerse concentrado, a pesar de las distracciones que podrían tratar de descarrilarlo.
- Te ayuda a hacer las cosas.
- Le ayuda a darse cuenta de que es capaz de hacer cualquier cosa que se proponga.

El Autocontrol es un rasgo del comportamiento que se aprende.

Requiere la ruptura de los malos hábitos y la formación de nuevos y mejores hábitos que mejoren su estilo de vida en general.

La felicidad llega cuando se hace un esfuerzo por mejorar la calidad de vida, dándole la libertad de tomar decisiones más saludables en lugar de cometer errores emocionales.

No puedes lograr un objetivo si no eres alguien que tiene una saludable dosis de autocontrol inculcado en tu vida.

Cuando sientes que tu vida no va a ninguna parte, es imposible sentirse feliz.

Incorpora más autocontrol hoy y tu felicidad futura te lo agradecerá mañana (no literalmente mañana, sino un día).

¿Pero, Por Que Es Tan Difícil de Desarrollar?

Sabes que lo necesitas. Sabes que te va a ayudar.

Sin embargo, desarrollar el autocontrol y la autodisciplina que necesitas se siente como uno de los ejercicios más difíciles de hace.

¿Si es Bueno para usted, entonces por qué tiene que ser tan difícil?

Por una simple razón: requiere esfuerzo, y cualquier cosa que requiera esfuerzo nunca va a ser fácil. Si fuera fácil, todos lo estaríamos haciendo.

No, el autocontrol no es algo que vaya a resultar fácil para nadie, el autocontrol es algo en lo que hay que trabajar constantemente, y eso es lo que hace tan difícil aferrarse.

A todos los que ves que han logrado el éxito no sólo les ha caído en el regazo.

Lo lograron porque estaban dispuestos a hacer cosas y hacer sacrificios que otros no hacían.

Tuvieron que trabajar duro para mantener su autocontrol, y todavía están trabajando duro en ello cada día. Es un proceso continuo, un esfuerzo de una sola vez.

No hay atajos, desafortunadamente.

La Relación Ente el Autocontrol y el Autoestima

El autocontrol no sólo está vinculado a la felicidad, sino también al aumento de la autoestima.

Cada vez que muestres la capacidad de ejercer el autocontrol sobre cualquier aspecto de tu vida, tu autoestima y la creencia en ti mismo serán los que cosechen los beneficios.

Cuando ves el resultado de lo mucho que has logrado porque persististe a pesar de cómo te sentías, tu autoestima recibe un impulso, junto con la creencia en ti mismo, lo que finalmente impulsa tu felicidad junto con ella.

Refuerza en tu mente que eres capaz de hacer esto.

Cada logro que hagas a través del autocontrol va a impulsar tu felicidad y autoestima un poco más, y alimentar el deseo de seguir adelante, seguir y seguir.

Este deseo te seguirá alimentando hasta que eventualmente, antes de que te des cuenta, estés en racha y te hayas convertido en una fuerza imparable.

Pasos para Construir Su Felicidad y Autocontrol

No hay una respuesta directa a la pregunta "¿Qué puedo hacer para ser feliz?".

Eso es porque todos somos diferentes. No hay dos personas que vayan a tener exactamente la misma respuesta.

Lo que constituye la felicidad para usted puede ser completamente diferente a otra persona.

Como tal, no hay un camino directo a la felicidad, y hay múltiples maneras para que usted comience los primeros pasos hacia la construcción de su felicidad y aumente su autocontrol simultáneamente:

- ***Las Excusas Deben Convertirse en Algo del Pasado***

Excusas, excusas. Nunca te han ayudado antes, y nunca lo harán.

Si quieres aumentar el autocontrol y vivir más feliz, entonces las excusas tienen que desaparecer. Ahora mismo.

Si no hay una razón concreta para no empezar algo, entonces no busques excusas para no hacerlo.

Si no hay una buena razón por la que no deberías trabajar duro para controlar y dominar tus emociones, no crees una razón para hacerlo.

Empezar es siempre la fase más difícil de cualquier proceso, pero una vez que te metes en el ritmo de las cosas, sólo se hace más fácil a partir de ahí.

- ***Vaya a Su Lugar Feliz***

Piensa en algo que te pasó que te hizo sentir que ese momento fue el más feliz de tu vida.

Un recuerdo poderoso y significativo que se ha quedado contigo todo este tiempo, un recuerdo tan fuerte que puede hacerte sonreír y darte una oleada de buenos sentimientos una vez más.

Concéntrate en la oleada de sentimientos positivos que te da. Esa va a ser tu ancla.

Siempre que te encuentres luchando, haz de esta ancla tu lugar de felicidad, y deja que las poderosas emociones de este recuerdo te infundan sentimientos de optimismo y felicidad.

- ***Mantenga Expectativas Realistas***

Las expectativas poco realistas sólo matarán tu felicidad.

Aprender a dominar tus emociones es algo que va a suceder con el tiempo porque esencialmente estás cultivando una mejor versión de ti mismo.

Construir cualquier cosa desde cero siempre va a tomar tiempo, pero aquellos que han sido lo suficientemente pacientes permanecen optimistas y felices a lo largo del proceso porque saben que las cosas buenas siempre toman tiempo.

- ***Entienda Sus Debilidades***

Las debilidades son otra parte del ser humano. Incluso la persona más fuerte que conoces personalmente todavía tiene una o dos debilidades, una batalla propia que está luchando.

Pero cómo estas personas fuertes siguen siendo felices a pesar de sus debilidades es porque **entienden** lo que son y cómo les afecta.

No pretenden que sus vulnerabilidades y defectos no existen, y no se comportan como si esas debilidades no existieran.

Asumen la responsabilidad por ellas, y eso les da la capacidad de permanecer felices y mantener el autocontrol que necesitan para mejorar.

- ***Mantease al Tanto de Su Progreso***

Cuando te ves a ti mismo avanzando, eso consolida en tu mente que algo está sucediendo.

El progreso está teniendo lugar, y ese pensamiento te anima a seguir adelante.

A veces es difícil ver lo lejos que has llegado cuando no llevas la cuenta de lo que has estado haciendo.

El seguimiento de tu progreso es una representación visual que te permite ver que has progresado y que has recorrido un largo camino desde donde empezaste.

Trazar un mapa de tu progreso, crear gráficos, escribirlo, lo que mejor te funcione y que te permita seguir tu progreso desde el primer día es el impulso de motivación que necesitas.

- ***Cambie Su Rutina de Vez en Cuando***

Agitar tu rutina de vez en cuando mantiene las cosas interesantes y frescas.

La rutina y la monotonía pueden volverse mundanas después de un tiempo, aunque te guste lo que haces.

Si tienes suerte, puedes tropezar con algo más que te haga feliz también, y tener más elementos que creen felicidad es siempre un cambio bienvenido.

Capítulo 7 Pensamientos Positivos

El pensamiento positivo juega un papel vital en el manejo del estrés que puede llevar a pensar demasiado. Esta característica también puede mejorar su bienestar.

¿Está su taza medio llena o medio vacía? La forma en que responda a esta pregunta sobre el pensamiento positivo puede reflejar su visión de la vida, su perspectiva de sí mismo y si es pesimista u optimista. Incluso puede impactar en su bienestar.

Sin duda, algunas investigaciones revelan que las características de la personalidad, como el pesimismo y el optimismo, pueden afectar a muchos aspectos de nuestro bienestar y salud. Normalmente, el pensamiento positivo que viene con la confianza es una parte esencial de la gestión eficiente del estrés y el exceso de pensamiento. Y el manejo eficiente del estrés está vinculado a muchas ventajas para la salud. Si es probable que seas negativo, no te desesperes, puedes conocer las habilidades de pensamiento positivo.

Conocer Mas Acerca del Auto discurso y el Pensamiento Positivo

El pensamiento positivo no significa que te quedes con la cabeza en la arena y desatiendas las condiciones menos agradables de la vida. El pensamiento positivo significa que te acercas a la repulsión de forma productiva y positiva. Imaginas que lo mejor va a ocurrir, no lo más horrible.

La mayoría de las veces, el pensamiento positivo comienza con el auto discurso. Este rasgo se refiere al flujo interminable de pensamientos silenciosos que se mantienen en marcha en tu mente. Estos pensamientos instantáneos pueden ser negativos o positivos. Algunos de estos pensamientos se derivan de la razón y la lógica. Otros pueden surgir de la ilusión que se desarrolla debido a la deficiencia de información.

Si el patrón de pensamiento que corre por tu mente es mayormente negativo, tu enfoque en la vida tiende a ser pesimista. Cuando tus pensamientos son positivos, tiendes a ser optimista, alguien que practica el pensamiento positivo.

Pensamiento Positivo: Los Muchos Beneficios a la Salud

Los expertos siguen explorando el impacto del optimismo y el pensamiento positivo en el bienestar. Los beneficios del pensamiento positivo para el bienestar podrían incluir:

- *Mejora la esperanza de vida*
- *Mejor resistencia a un resfriado común*
- *Un nivel de dolor más bajo*
- *Menor índice de tristeza/depresión*
- *Mejor salud psicológica y psicológica*
- *Un mejor bienestar cardiovascular y la minimización del riesgo de mortalidad por enfermedades cardiovasculares*
- *Mejores habilidades para hacer frente a las dificultades de la vida y a los momentos de desesperación*

No está claro por qué muchos de los que asumimos el pensamiento positivo experimentamos estas ventajas. Una hipótesis es que, si tienes un enfoque positivo te permite lidiar bien con la condición estresante. Esto minimiza los peligrosos efectos del estrés en la salud y en nuestro cuerpo en general.

Además, se cree que los individuos optimistas y positivos tienen un estilo de vida saludable. Además, hacen actividad física, siguen una dieta saludable, y no beben alcohol ni fuman.

Conocer el Pensamiento Negativo

¿No está seguro de si tiene una autocomplacencia negativa o positiva? Algunos tipos comunes de autocomplacencia desagradable tienen en cuenta:

Filtrado: Se exageran los factores negativos de una condición y se tamizan los positivos. Como, por ejemplo, lo haces bien en la oficina. Terminaste la propuesta antes de tiempo y fuiste elogiado por hacer una tarea minuciosa y rápida. Esa noche, te concentras en tu plan para llevar a cabo más proyectos y pasas por alto los elogios que recibiste.

Personalizar: Si algo terrible sucede, instantáneamente te culpas a ti mismo. Como, por ejemplo, tus vacaciones fueron canceladas, y piensas que la cancelación fue porque tus amigos no quieren ir contigo.

Polarizar: Lo ves como algo bueno o malo. No hay término medio.

Catastrófico: Esperas la palabra al instante. La cadena de comida rápida se equivoca en la comida, e inmediatamente piensas que todo el día será peor.

Concentrarse en el Pensamiento Positivo

Puedes saber cómo convertir un pensamiento pésimo en uno positivo. El procedimiento es fácil, pero requiere mucho tiempo y práctica. Después de todo, estás creando un nuevo hábito. A continuación, se presentan las formas de comportarse y pensar con confianza y de forma positiva:

Conocer las Áreas que Necesitan Modificación: Para ser optimista y asumir un pensamiento positivo, necesitas conocer primero los aspectos de tu vida, en los que normalmente piensas de forma poco útil. No importa si se trata de los desplazamientos diarios, el trabajo o las relaciones. Puedes empezar por lo pequeño concentrándote en una parte para abordar de manera optimista.

Abierto a la Ingenuidad: Dese el consentimiento para reír o sonreír, especialmente en los momentos difíciles. Busca el ingenio en las actividades diarias. Reírse puede reducir el estrés y el exceso de pensamiento.

Compruébelo Usted Mismo: De vez en cuando durante el día, evalúa lo que estás pensando. Si notas que tu pensamiento es mayormente negativo, busca una vía para poner un giro optimista en estos pensamientos negativos.

Practique el Auto Discurso Optimista: Comienza siguiendo una regla sencilla. Evita decirte a ti mismo palabras que no le dirías a nadie más.

Sea Alentador y Gentil Consigo Mismo: Una vez que los pensamientos positivos llegan a tu mente, la evalúa con sensatez y reacciona con confirmaciones de lo que es bueno para ti. Piensa en cosas por las que estés agradecido.

Ejemplos de auto discursos sin entusiasmo y de cómo convertirlo en algo positivo:

Auto Discurso Negativo	Pensamiento Positivo
Nunca lo he hecho antes.	Es una oportunidad para aprender cosas nuevas.
Es muy complicado.	Lo abordaré desde una perspectiva diferente.
No tengo los recursos.	El requisito es la madre del descubrimiento.
Soy perezoso para hacer esto.	No puedo hacerlo debido a mi apretada agenda, pero puedo volver a revisar algunas prioridades.
No hay manera de que funcione.	Haré todo lo posible para que funcione.
Nadie trata de hablar conmigo.	Veré si fui capaz de abrir las vías de comunicación.
No soy mejor en esto.	Lo intentaré

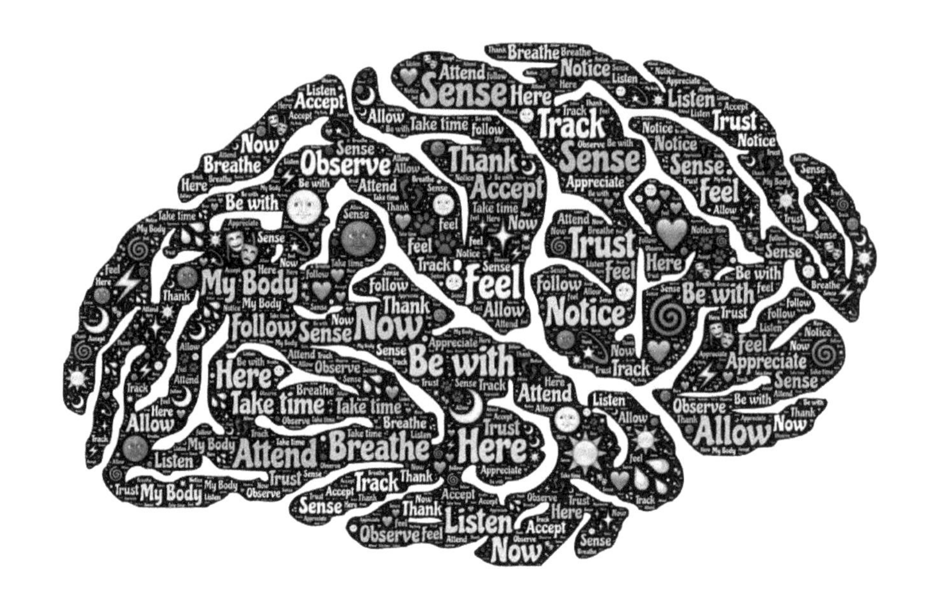

No se pueden eliminar las situaciones o pensamientos no constructivos. Sin embargo, puedes decidir concentrarte en las mejores cosas. Puedes sacar un optimista de cualquier cosa que se te ocurra, sin importar lo pequeño que sea. Tal vez tuviste un mal día, pero alguien fue lo suficientemente amable para abrirte una puerta una vez que llegaste al trabajo. Por lo tanto, no has logrado perder peso en algún momento, pero te has resistido a la tentación e ignorado los alimentos prohibidos en tu dieta. El pensamiento positivo es elegir observar las mejores cosas y luchar contra las negativas no permitiéndoles controlar su vida.

Practicar el Pensamiento Positivo a Diario

Si es probable que tengas un mal enfoque, no anticipes convertirte en un idealista de la noche a la mañana. Sin embargo, con la práctica, tarde o temprano, su exceso de pensamiento tendrá menos autocrítica y más autoaceptación. Además, es posible que te vuelvas menos serio con las personas que te rodean.

Si tu estado emocional es optimista en general, puedes manejar el estrés diariamente de manera constructiva. Esa capacidad puede sumarse a las ventajas para la salud ampliamente observadas del pensamiento positivo.

Superando el Miedo

¿Qué es lo que más te asusta? Saber cómo superar tus miedos es abrumador y desafiante para la mayoría de nosotros.

Afortunadamente, todos estos miedos se pueden aprender. Tengan en cuenta que ningún ser humano nace en este mundo con miedos. Por lo tanto, los miedos pueden ser desaprendidos a través de la práctica del autocontrol y la fuerza de voluntad una y otra vez hasta que se desvanezcan.

El miedo a la pobreza, a la pérdida de ingresos/dinero y a la pérdida del fracaso son algunos de los miedos más comunes que experimentamos en este momento. Estos miedos a menudo interfieren con la esperanza de nuestro éxito. Estos miedos pueden hacer que nos mantengamos alejados del riesgo de cualquier tipo y que rechacemos la oportunidad una vez que se nos presenta. Además, tenemos mucho miedo de una decepción que estamos a punto de paralizar en lo que respecta a tomar cualquier oportunidad en absoluto.

También hay muchos tipos de miedos que nos impiden ser felices. Estos miedos pueden llevar a un individuo a pensar demasiado las cosas. Estos miedos tienen en cuenta lo siguiente:

- ***Temer la pérdida de nuestros seres queridos***
- ***Teme la pérdida de nuestros trabajos y nuestra seguridad financiera***
- ***Miedo al ridículo o a la vergüenza***
- ***Miedo a la crítica de cualquier forma***
- ***Miedo al rechazo***
- ***Temer la pérdida de la estima y el respeto de los demás***
- ***El miedo a perder a nuestra pareja en la vida***
- ***Miedo a la muerte***
- ***Y etc.***

Estos y otros tipos de miedos nos frenan a lo largo de la vida.

A continuación, se presentan algunas técnicas útiles y de eficacia probada para ayudar a superar los miedos que llevan a pensar en exceso en todo:

Practicar Métodos de Relajación

Mucha gente que experimenta distorsiones cognitivas y pensamiento excesivo encuentra que los métodos de relajación son útiles para detener los patrones dañinos del pensamiento. Es más, las técnicas de relajación, también pueden proporcionar muchos beneficios físicos como minimizar el ritmo cardíaco, reducir la presión sanguínea, minimizar la actividad del cortisol en nuestro cuerpo, ralentizar la respiración y muchos otros. Hay muchos tipos de prácticas de relajación, como:

Relajación Autógena

Esta técnica se refiere a la repetición de palabras para ayudar a relajarse en el interior. Usted puede pensar en ambientes tranquilos y pacíficos y luego repetir afirmaciones optimistas o concentrarse en su respiración.

Técnica Muscular Progresiva

Esta técnica de relajación se refiere a concentrarse en sostener, tensar y relajar cada grupo de músculos dentro de nuestro cuerpo. Necesitas comenzar en tu cabeza con los músculos de tu cara y trabajar en los músculos de los dedos de los pies o viceversa, sosteniendo y tensando cada grupo de músculos del cuerpo de 5 a 20 segundos antes de liberar la tensión en tu músculo para relajarte.

Visualización

Esta técnica se refiere a permitir que su imaginación cree imágenes mentales calmantes y tranquilizantes, y que visualice un entorno tranquilo o una condición serena.

Respiración Consciente

Esta técnica también es muy efectiva para deshacerse del miedo y el exceso de pensamiento. Esto es fácil de hacer, simplemente ponga una mano en la parte superior del cuerpo y la otra en el estómago. Mientras está acostado, de pie o sentado (sin importar lo que le resulte conveniente y cómodo), respire lenta y profundamente, forzando el aire hacia su estómago en lugar de sólo hacia su pecho. Debe sentir que su estómago se infla al inhalar. A continuación, contenga la respiración durante un par de segundos, y luego suelte el aire lentamente hasta que la última respiración haya desaparecido. ¿Hace esto tantas veces como sea necesario hasta que empiece a sentirse en paz y relajado?

Explorar Sus Sentimientos y Creencias por Escrito

No hay duda de que la escritura es, en efecto, un método extremadamente fiable y eficiente para procesar su pensamiento y sus ideas. También es muy fiable para analizar los patrones de pensamiento, así como para buscar vías para superar esos pensamientos. Hay muchos ejercicios de escritura disponibles por ahí, pero el más útil es tomar diez minutos para viajar alrededor de la naturaleza de su patrón de pensamiento en los escritos.

Programe Su Temporizador por Diez Minutos.

En ese tiempo, escribe todas las cosas dentro de tu mente, sobre todo las que te molestan mucho. Explora las condiciones, situaciones, personas y períodos de tiempo que relacionas con esos pensamientos, y si esos pensamientos no tienen nada que ver con tu personalidad, tu situación actual y la que te rodea.

Cuando se acabe el tiempo, lee lentamente todos los pensamientos que has estado anotando, busca patrones de pensamiento. Luego pregúntate: "¿Esos patrones de pensamiento han afectado cómo veo mi relación con los demás, conmigo mismo o con el mundo? Si es así, sepa si el efecto es negativo o positivo.

También puede ser útil preguntarse: "¿Me han ayudado estos patrones de pensamiento? ¿O el número de noches de insomnio y las oportunidades perdidas han superado las raras ocasiones en las que tenía razón?

Sigua a Su Corazón y Mente Haga Cosas que lo Hagan Sonreír

Mucha gente que piensa demasiado en todo se mantiene alejada del exterior. Tienen miedo de interactuar con alguien ya que creen que algo puede ocurrir. Aunque no seas capaz de salir de ese patrón de pensamiento, no debes permitir que tu pensamiento excesivo controle tus decisiones.

Si quieres ir a algún lugar como por ejemplo asistir a una fiesta de cumpleaños o a un concierto de tus artistas favoritos, entonces ve. No dejes de disfrutar de la vida. Deja de buscar una razón para no asistir y oblígate a ir. O si no, estás pensando que el patrón te impedirá hacer las cosas que amas, y casi seguro que te dará pena. Ten en cuenta que no puedes retroceder en el tiempo. Sigue tu mente y tu corazón, haz las cosas que te hagan sentir feliz. Esto te impedirá pensar demasiado.

Dígase a sí mismo que el lamento que sentiría por perder una oportunidad sería más poderoso que el lamento por tener menos tiempo del ideal. Considere los casos en los que se arriesgó a hacer algo nuevo, y vale la pena. Piensa en los casos en que quedarte en casa o tener miedo de probar cosas nuevas te ha dado algo. Inmediatamente notarás que tomar el riesgo de decepción y desilusión fue útil debido al hecho de que resulta en cosas buenas.

Tenga siempre presente que puede irse temprano cuando no lo esté pasando bien. Lo que es vital es que intente saber si puede o no terminar de tener una experiencia significativa y divertida.

Capítulo 7 Mentalidad

Nuestra mentalidad es un factor determinante en lo que hacemos de nuestras vidas. Influye en nuestra toma de decisiones, y más importante, en cómo reaccionamos a ciertas cosas y cómo alcanzamos nuestras metas y sueños. Las personas tienen diferentes mentalidades y si quieres tener éxito en tu vida, necesitarás desarrollar una mentalidad positiva, para que puedas alcanzar tus sueños.

En cualquier cosa que hagas, ya seas un empleado, un empresario o un vendedor en línea, necesitarás tener la mentalidad adecuada para alcanzar el éxito. En cualquier tipo de campo, necesitarás tener suficiente fe en ti mismo. Necesitas confiar en ti mismo que tus habilidades y talentos son más que suficientes para ayudarte a lograr lo que sea que estés tratando de alcanzar. Esta es la esencia misma del pensamiento positivo; necesitas creer que lo que estás anhelando sucederá. Con esto, significará que cada centímetro de tu cuerpo estará destinado a tomar las acciones necesarias para que suceda.

Uno de los obstáculos que necesitas conquistar para lograr el éxito en tu vida es simplemente lo opuesto a la postura de pensamiento. Tener una mentalidad negativa desalentará a los sistemas de tu cuerpo a tomar las medidas necesarias para lograr tus objetivos. La razón de esto es que el pensamiento negativo le hará tener muchas vacilaciones, y en el momento en que ceda a ello, se desalentará a la hora de tomar medidas para lograr sus objetivos, ya que puede que ya esté pensando que no es factible.

Una mentalidad negativa también sería el factor que hace que pierdas esa importante motivación que necesitas tener. La motivación es muy importante para que seamos coherentes en todo lo que hacemos. Sin el nivel adecuado de motivación, no podrás seguir los pasos que has planeado tomar para alcanzar tus objetivos. Aparte de eso, puede que te relajes demasiado y tengas la tendencia a dejar para mañana las cosas que puedes hacer hoy. Con este tipo de actitud, si usted está involucrado en la industria de los negocios, entonces sus competidores se alegrarán de verle relajado ya que les dará la oportunidad de adelantarse a usted.

Para alejarte del pensamiento negativo, necesitas tener fe. La fe, junto con las acciones correctas, te guiará hacia el éxito. Con una mentalidad positiva, pronto serás capaz de elaborar un plan para lograr tus objetivos. Este plan contendrá los pasos que necesitas dar para lograrlo. Con eso, es sólo cuestión de tiempo para que tus sueños se manifiesten.

¿Le está Impidiendo Alcanzar sus Metas?

¿Conoces a alguien que tenga cosas que haya dicho que quiere hacer y que nunca parezca hacerlas? Ya sabes, ¿ese amigo que quiere volver a la escuela y ha estado hablando de ello durante quince años? ¿El conocido que ha tenido el mismo trabajo durante varios años y ha hablado desesperadamente de querer encontrar un nuevo trabajo, y sin embargo no hace nada al respecto? ¿El dueño de un negocio que quiere aumentar las ventas, pero no puede tomarse el tiempo para hacer un plan? ¿El cliente que sabe que necesita sus servicios, pero no puede comprometerse realmente? Si nosotros mismos no somos dilatorios, ciertamente conocemos a gente que sí lo es.

Una vez oí a alguien decir, "no existe la postergación porque no es como si no estuvieras haciendo nada, sólo has reemplazado el comportamiento que necesitas hacer con un comportamiento más deseable". Según el diccionario de Random House Unabridged, postergar significa "posponer o retrasar innecesariamente". Ciertamente, todos tenemos nuestras razones para la postergación. Hay varias teorías sobre el aplazamiento; sólo dos se mencionarán aquí. Una teoría es que el aplazamiento es un hábito, lo que significa que se encuentra otra cosa que hacer en lugar de lo que se necesita hacer; otra teoría es que el aplazamiento está relacionado con la ansiedad. La ansiedad se encuentra a menudo en la raíz de la postergación cuando se trata de alcanzar nuestros objetivos más importantes; después de todo, alcanzar nuestros objetivos requiere un cambio y el cambio, para muchas personas, puede ser una gran fuente de ansiedad.

Por lo tanto, todo esto nos lleva a preguntarnos si nos salimos de nuestro propio camino para entrar en la senda del logro de los objetivos. La gente a menudo planea más las vacaciones que el resto de sus vidas. Como entrenador, escucho todas las excusas del libro. Cuando se trata de hacer un plan para alcanzar una meta, ya sea de negocios o de vida, una de las frases más comunes que escucho es: "Estoy demasiado ocupado para hacer todo el trabajo". Si estás demasiado ocupado para hacer un plan para alcanzar tus metas, entonces siempre vas a estar atascado en tu status quo, y francamente, ¡te mereces algo mejor que eso!

Nuestra Recomendación para Superar la Procrastinación:

- Identifica tu objetivo, ¿qué es lo que estás postergando?
- ¿Por qué lo estás posponiendo? Desglósalo en eventos u objetivos más pequeños si puedes. Piensa en las recompensas y consecuencias de alcanzarlo o no alcanzarlo.
- Calcula tus obstáculos - ¿qué es lo que realmente se interpone en el camino para lograr tu objetivo?
- Piensa en algunas soluciones y elige las más pertinentes y razonables.

- Ponga las soluciones apropiadas en acción y empiece a ver esos resultados mejorados.

Beneficios de Superar la "Procrastinación" "Procrastinación"

- La paz de la mente
- Logro de objetivos (por ejemplo, ¡mejores resultados!)
- Un sentimiento de fuerza y propósito

¿Por Qué No Está Trabajando en lo Que Debería?

¿Qué te impide lograr todo lo que puedes? Seyfarth Diversified Strategies se encontró en la creencia de que cada individuo tiene la habilidad, y puede llegar a tener el poder de ser todo lo que es capaz de llegar a ser. Un día, una vida, una compañía, puede ser cambiada entendiendo y afectando las actitudes, pensamientos y creencias que conducen a las metas y te llevan al éxito.

Comience a Alcanzar Sus Metas

Se ha dicho que el 60-80% de los propósitos de Año Nuevo se incumplirán en las dos primeras semanas. En otras palabras, a mucha gente le cuesta hacer los cambios de vida que quieren hacer. Así que, no estás solo. Personalmente, no soy un gran defensor de los propósitos de Año Nuevo porque creo en establecer y lograr objetivos personales durante todo el año. Dicho esto, quería compartir con ustedes las diez formas de aumentar la probabilidad de éxito en el logro de sus objetivos.

1. Quédese con 1 o 2 Metas Importantes.

Tener una lista de lavandería de todas las cosas que te gustaría cambiar en tu vida puede ser abrumador. Tus posibilidades de éxito son mucho mayores si te ciñes a 1 o 2 de tus metas más importantes. Esto te permite concentrar toda tu energía y enfocarte en estos objetivos. Una vez que alcances esos objetivos, siempre puedes establecer 1 o 2 más.

2. Sea Realista.

Está bien pensar en grande y querer lo mejor, pero es más importante tener éxito, así que sé realista. Pregúntate si tus objetivos son razonables y posibles. Probablemente no sea realista fijarse la meta de no volver a gritarle a sus hijos. ¿Cómo te sentirás con tu resolución cuando tus hijos te pongan a prueba en un día muy malo y tú les grites? Ciertamente, se puede reducir el griterío y trabajar para encontrar formas alternativas de lidiar con la mala conducta, pero una actitud de todo o nada puede llevarte al fracaso, y sentir que has fracasado puede llevarte a más fracasos. En lugar de eso, acepta y honra tu humanidad.

3. Sea Específico.

Sea lo más específico posible al determinar sus objetivos. Articula cómo medirás el éxito y exactamente lo que estás tratando de lograr. Establecer un objetivo para perder peso es demasiado general. Una mejor opción sería establecer un objetivo específico y manejable. Por ejemplo, digamos: "Perderé 25 libras para el 30 de junio de 2005". Sea específico al responder el qué, cuándo y cómo.

4. Conecte con Su Motivación para Alcanzar Sus Metas.

¿Por qué quieres lograr este objetivo? ¿Por qué ahora? Asegúrate de que tu motivación viene de tu corazón, y no de tu cabeza. En otras palabras, tu objetivo debe ser algo que realmente desees, y no algo que sepas que DEBES hacer. Conéctate de verdad con el por qué esto es tan importante para ti. Presta atención a si estás siendo impulsado o no por el miedo o el amor. Ten cuidado con establecer metas basadas en lo que alguien más en tu vida piensa que deberías hacer. Tus resoluciones deben venir de tu auténtico yo.

5. Examine Su creencia en Su Habilidad para Alcanzar Esta Meta.

¿Qué cree usted acerca de su capacidad para lograr sus objetivos? Si ha intentado alcanzar el mismo objetivo muchas veces antes sin mucho éxito, su confianza podría ser vacilante. Podrías estar alimentándote de mensajes negativos sin darte cuenta. Sea consciente del pensamiento positivo. Recuerda que eres capaz de hacer cualquier cosa que te propongas. Dígase a sí mismo cada día que tiene la capacidad de dar los pasos necesarios para alcanzar su objetivo.

6. Crear un Plan Detallado para Alcanzar Su Metal.

Digamos que tu objetivo es eliminar el desorden de tu casa. ¿Pero cómo empezarás cuando el desorden sea abrumador? Puede ser útil dividir los grandes objetivos en pasos intermedios y manejables.

Haga una lista de cada área que necesite abordar. Luego divida cada área en segmentos aún más pequeños que puedan ser abordados fácilmente. Por ejemplo, reserve tiempo para limpiar la ropa vieja, luego para organizar los suéteres, luego para tirar los zapatos viejos y finalmente para organizar la ropa por color o tipo. No olvides especificar un límite de tiempo para realizar cada uno de los pasos más pequeños. Antes de que te des cuenta, el objetivo más grande se habrá cumplido.

7. Reconocer que Pudiera Encontrar Obstáculos.

La mayoría de la gente se da por vencida en sus objetivos porque se topa con algún tipo de obstáculo en el camino. Los obstáculos pueden ser internos o externos. Ejemplos de obstáculos internos son el auto discurso negativo, las creencias limitantes y los problemas de disciplina. Algunos obstáculos externos son la falta de tiempo, dinero o recursos. Sepa de antemano qué obstáculos puede tener que conquistar.

8. Identificar Un Plan de Acción para Superar los Obstáculos.

Si estás intentando dejar el chocolate (¡nunca lo intentaría!), ¿qué vas a hacer cuando se te antoje el chocolate, o cuando todos tus amigos se estén comiendo el pastel de chocolate? Tal vez tu plan sea llevar contigo un dulce sustituto en todo momento. O tal vez podrías involucrarte en una actividad divertida cuando te dé la gana. Si tus obstáculos son más difíciles y necesitas más apoyo, considera contratar a un coach de vida para que te ayude a superar tus bloqueos.

9. Consiga el Apoyo de Un Compañero para Rendirle Cuentas.

A medida que trabajas para alcanzar tus objetivos, puede ser muy útil tener a alguien en tu vida que sea tu compañero de apoyo. Considera la posibilidad de pedirle a tu pareja o amigo que te ayude a cumplir los objetivos que te has propuesto. Utiliza a esta persona cuando tengas dificultades y establece un plan para comunicarte con ella regularmente. Como entrenador, tengo el privilegio de intercambiar servicios de entrenamiento con mis compañeros. Mi entrenador me ayuda a alcanzar mis metas, superar cualquier obstáculo, y celebrar mi éxito.

10. Celebrar los Éxitos a lo Largo del Camino.

Una de las cosas más importantes que puedes hacer por ti mismo es celebrar tus pequeños éxitos mientras trabajas hacia tus grandes metas. No esperes hasta el final para recompensarte. Mereces que se te reconozca por tus esfuerzos y tu compromiso, especialmente cuando tus objetivos tardan mucho en alcanzarse. Si no celebras en tu viaje, perderás la motivación. Así que, ¡celebre, celebre y celebre!

Alcanzar tus metas puede ser un trabajo duro a veces, pero también es muy gratificante. Si te caes de tu camino, recuerda que siempre puedes volver a subir. Está bien dar algunos rodeos. También está bien tomar un descanso para descansar.

No te castigues ni pierdas la esperanza. Empieza de nuevo donde caíste y antes de que te des cuenta, serás un profesional en el logro de tus objetivos.

Capítulo 8 Liberarse

Cambiar la mentalidad es como adoptar una nueva rutina y hábito, pero no es tan difícil como parece. Una vez que le hayas cogido el truco, nunca tendrás que preocuparte por tener el control sobre cómo actúas y piensas, se convertirá en un segundo idioma para ti.

El primer paso para cumplir tus metas y deseos es ser capaz de controlar lo que ocurre dentro de tu cabeza, en otras palabras, cambiar la forma en que te ves a ti mismo y al mundo que te rodea. Muchas personas crecen pensando que, si fallas una vez, entonces debes rendirte, sin embargo, lo que no saben es que el fracaso es la clave del éxito. El fracaso es algo que te impide avanzar hacia tu camino destinado, es una dura prueba que debes superar para demostrar que eres digno de recibir ese coche que siempre has querido o de convertirte en el gerente de la empresa que has estado persiguiendo durante años. Nada te será entregado en bandeja de plata. Debes darte cuenta de que todo está siendo vigilado por el universo, cada movimiento tuyo determina tu destino y cada buena acción te proporciona una recompensa, un paso hacia tus objetivos.

Imagina lo que pasaría si todo fuera fácil, lograr el éxito está justo detrás de la puerta de tu dormitorio y todo lo que tienes que hacer es abrirla. No habría lecciones que aprender, ni posibilidades de mejorar y no habría cambios en ti mismo. Esto no te hará el mejor ser que puedas ser y seguro que no te sentirías satisfecho de poder finalmente sostener lo que siempre has querido si te lo dieran sin ninguna razón aparente. Por supuesto, para algunos suena maravilloso, sin esfuerzo, pero con objetivos alcanzados. Desafortunadamente, no es así como funciona la vida. A la vida le gusta recompensarte por las cosas que haces y aunque parezca que todo tu mundo se está desmoronando, recuerda que ésta es sólo otra prueba que debes pasar para vivir la vida de felicidad y éxito que siempre has querido.

El primer paso para cambiar tu forma de pensar es detener toda la autocomplacencia negativa que te dices a ti mismo todos los días. Todas las cosas negativas que te dices a ti mismo y a los demás son importantes. El sentimiento de ansiedad y depresión comienza con un pensamiento negativo y se ha convertido en una nube de malas energías que te impiden ser feliz y vivir tu mejor vida. Es importante recordar que se te permite hacer una autocrítica, a menudo ayuda a mejorarte de muchas maneras diferentes, sin embargo, debes estar en control de tus emociones y pensamientos, no criticarte a ti mismo hasta el punto de herir tus propios sentimientos. Todo el mundo sabe que es difícil, estar en control de algo tan grande como tu mente, pero imagina las cosas que podrías hacer si fueras capaz de despejar tu visión nublada y tus dudas para poder darte una segunda oportunidad. Aquí hay algunas cosas que están garantizadas para ayudarte a superar los pensamientos negativos.

Rodéese con Personas Positivas

El primer paso para detener los pensamientos tóxicos que nublan tu visión es evitar que los demás te desanimen primero. Si sigues escuchando a la gente decirte que "no puedes hacerlo" una y otra vez, eventualmente comenzarás a creerles. A menudo nos sentimos atraídos por las personas negativas, tal vez porque es más divertido estar cerca de ellas o porque se obtiene algo de ellas. Pero debes recordar que a estas personas les encanta manipularte, hacerte sentir culpable para conseguir lo que quieren y hacerte sentir como si no estuvieras allí. Esto hace que te preguntes si tú eres el problema cuando en realidad esa persona lo es. No estás atrayendo a la gente en general, sino la energía con la que se rodean.

Podrías estar preguntándote, ¿por qué soy un imán para los malos amigos o la gente mala? Esto se debe a las bajas frecuencias, que son personas que son infelices, que tienen una autocomplacencia negativa o no muestran suficiente amor por sí mismos y por los demás. Las personas de baja frecuencia tienden a atraer a otras personas de baja frecuencia. Para cambiar eso, primero debes elevar tu frecuencia cuidando de ti mismo, evitando las malas situaciones y difundiendo el amor a la gente que te rodea. Debes sintonizarte con tu interior y ser la mejor versión de ti mismo que puedas ser y lo primero que debes hacer es cortar todos los lazos con las personas que te hacen sentir mal. Rodearse de gente positiva es el regalo que nos trae la vida. No sólo te apoyan sin importar lo que elijas en tu vida, sino que también te dan buenos consejos. Así que cuando te das cuenta de que estás siendo horrible y juzgándote a ti mismo, imagina lo que diría ese amigo en esta situación. ¿Cómo reaccionarían y qué consejo te darían? Imagina que te dicen, repítelo para ti mismo un par de veces. Lo que sigues diciendo, se convierte en tu realidad. Tienes gente que te cubre las espaldas sin importar qué, se preocupan por ti y deberías mostrarte ese mismo afecto a ti mismo también.

Escriba Sus Pensamientos

Cuando empiezas a ver las cosas visualmente sólo entonces te das cuenta de lo tonto que suena todo. Escribir lo que te asusta y lo que te estresa es una parte importante para aprender a superarlo. Casi como superar el miedo a las alturas yendo al edificio más alto o volando en un avión y mirando hacia abajo. Te ayuda a ser capaz de entender de dónde vienen esos sentimientos más profundamente que sólo saber de qué se trata la situación. Finalmente, empiezas a aceptar el hecho de que esta situación te da mucho estrés, lo que te hace sentir que no vales la pena. Pero después de escribir el sentimiento negativo, debes escribir uno positivo. Si te sientes inseguro con respecto a tu cuerpo, escribe cómo te hace sentir y luego mira hacia atrás para ver cuánto has crecido, si es física o mentalmente. O si estás estresado, imagina lo relajado y aliviado que te sentirías si la situación terminara. Debes acoger la sensación negativa con los brazos abiertos, darte cuenta de que estás estresado, pero saber que puedes hacerlo, 'esta situación me da estrés, pero cuando se acabe podré finalmente disfrutar de mi tiempo libre'. Intenta hacer que un sentimiento positivo supere al negativo. Esto te ayudará a controlar tus emociones y te enseñará a confiar en tu interior.

Atrape ese Pensamiento

Hay tantos pensamientos volando constantemente en nuestras cabezas, que es por lo que cuando tu autoconversación negativa se desenvuelve, debes aprovecharla. La mejor manera de entender por qué estás pensando negativamente es darse cuenta de lo que lo está causando. Tienes que descubrir la raíz del problema. A menudo te escuchas a ti mismo diciendo cosas como "No puedo hacer esto" y cuando esto sucede debes ser consciente del hecho de que te lo estás diciendo a ti mismo. Interroga tu pensamiento, pregúntate "por qué no puedo hacer esto" o "qué me impide hacerlo". Ten una conversación contigo mismo, descubre la raíz de este problema y luego resuélvelo.

Por ejemplo, imagínate ensayando para una audición, una gran oportunidad ha llegado a ti para finalmente ser capaz de lograr tu gran sueño de convertirte en un cantante famoso. Estás asustado y nervioso, lo cual es natural en este tipo de situaciones, pero entonces empiezas a decirte a ti mismo que "nunca pasarás la audición". El primer paso que debes hacer es aclarar todos tus otros pensamientos y preocupaciones, dejarlos ir y concentrarte en esta única cosa. ¿Por qué sientes que no puedes hacer esto? ¿Es porque no te sientes preparado? Si es así, entonces ¿por qué? ¿No practicaste día y noche? ¿Crees que no eres lo suficientemente bueno? ¿Por qué te sientes así si te esfuerzas tanto? Razonar contigo mismo te ayudará a entender que no deberías sentirte como eres y también te ayuda a dar la vuelta a la situación, a convertir las emociones negativas en positivas. A menudo es difícil evitar que pienses mal, por lo que debes razonar contigo mismo y saber que tus pensamientos negativos son naturales, aunque te afecten mucho, sólo están aquí para desanimarte y presionarte para que demuestres que están equivocados.

Rutina Diurna Positiva

¿Alguna vez has tenido una mala mañana que te haya hecho sentir malhumorado y molesto y que luego te haya arruinado todo el día? La clave para arreglar eso es empezar bien el día asegurándose de que va bien con una rutina matutina positiva. Para cambiar la negatividad de la que sólo tú eres responsable, primero debes cambiar la causa de la misma y tratar de prevenirla. Haz cosas por la mañana que te hagan sentir bien contigo mismo y con el mundo que te rodea. Date una ducha matutina refrescante, sal a desayunar o ve al gimnasio. Si empiezas bien la mañana con un buen humor, está científicamente probado que el resto del día también será bueno. Pero si tu día comienza mal, tal vez perdiste el autobús o te quedaste dormido, debes tener en cuenta que las cosas suceden por una razón y que esto no es una excusa para estar malhumorado e infeliz por el resto del día porque atraerás otras cosas negativas. Si te dices a ti mismo que "hoy no es un buen día" entonces no mejorará en absoluto. Despeja tu mente y empieza de nuevo, no te centres en el pasado, sino que mira más de cerca tu futuro, aprende a ser capaz de decidir tu propio destino. Si quieres tener un gran día, sólo di que lo tendrás. Una buena forma de moldear tu día es despertarte y repetirte a ti mismo en voz alta unas cuantas veces diciendo "hoy me pasarán tres cosas buenas" y todo lo que tienes que hacer es esperar y ver. Empezar bien el día con una buena actitud y una mentalidad positiva está garantizado para que tu día transcurra sin problemas. Después de todo, tú tienes el poder de cambiarlo y nadie más.

La segunda forma de cambiar tu mentalidad es recitar afirmaciones positivas. De esa manera eres capaz de convertir lo malo en bueno. Repitiendo en tu cabeza o escribiendo tus cualidades puede ayudarte a centrarte más en ellas en vez de en las que te faltan. Siéntase bien consigo mismo y con las cosas de su vida en lugar de centrarse siempre en las cosas que desea tener. Aunque es bueno soñar y esperar lo mejor, a menudo puede convertirse en una obsesión que debe evitar. Así que, tómate un momento ahora mismo, ve a una aplicación de grabación de voz y grábate a ti mismo diciendo algo positivo y alentador como 'eres una persona increíble y fuerte, vas a conseguir el éxito en la vida y no dejes que nadie te haga caer, así que ten un día increíble'. Es fácil y simple, escúchalo, cuando te sientas deprimido o desmotivado. A veces todo lo que necesitas es oírte decirlo para creerlo.

La paciencia es la clave del éxito. Nada sucede de la noche a la mañana y cambiar la forma en que tu mente piensa y trabaja es como detener un mal hábito porque tu cerebro ha estado trabajando desde que naciste, creando sus propios hábitos y construyendo la forma en que eres hoy. Es imposible reprogramarlo en un día. Debes mantener la calma y saber que nada va a funcionar de inmediato, pero verás una mejora. Día a día te darás cuenta de que te estás volviendo menos duro contigo mismo y creciendo como persona. Cada día te acercas más y cada día debes ser consciente de que eres tú quien toma las decisiones, no tu mente y tus sentimientos. Cuando algo no sale como se ha planeado, inmediatamente perdemos nuestra concentración mental y enseguida sacamos conclusiones que nos estresan. Necesitas aprender a esperar a que las cosas se hagan naturalmente a tu manera, si tratas de acelerar el proceso entonces sólo empeorarás las cosas. Cuando llegue el momento, recibirás lo que has estado esperando en lugar de apresurarlo hacia ti. El universo ve que cuando la gente se vuelve demasiado ansiosa y hambrienta por sus deseos, se ralentiza el resultado. Para lograr lo que has estado esperando, debes dirigir tu atención a otro lugar, enfocarte en otra cosa y te sorprenderás de lo rápido que el universo trabajará a tu favor.

Para mantener tu mente clara para tus sueños y deseos, debes establecer tus metas en forma directa. Lleva un diario en tu teléfono o uno físico, donde escribas cómo pasó tu día, qué hiciste y cómo te sentiste al respecto. Esto te ayudará a reflexionar sobre tus acciones, si lo que hiciste justifica la situación o no. Hacer esto te convertirá en una mejor persona. Debes escribir tus objetivos para el día, mes o año para tenerlos en cuenta. Míralos de vez en cuando y recuerda para qué estás aquí y que lo haces por ti mismo y por nadie más. También puedes imprimir fotos de las cosas que quieres, ya sea el coche o la casa de tus sueños. Esto funcionará como un impulso en la motivación y te empujará a alcanzar tus objetivos. Serás capaz de mirar hacia atrás a lo mucho que has logrado a lo largo del tiempo y sabrás que nada es imposible mientras te lo propongas.

Concéntrate en las cosas que te importan, no siempre guardes rencor a la gente que te ha hecho daño o que le prestes toda tu atención a una sola cosa. A veces demasiada energía puede llegar a ser abrumadora, por lo tanto, asegúrate de prestar la misma atención a todos los aspectos de tu vida. No te esfuerces demasiado, no importa cuánto creas que te ayudará. Debes encontrar el equilibrio en tu vida, entre el trabajo y las relaciones personales, de lo contrario comenzará a afectarte negativamente a ti y a los que te rodean. Tienes que recompensarte y darte los descansos que te mereces, a veces todo lo que necesitas son unos días libres para refrescar tu mente e inspirarte. Apresurar las cosas y trabajar todo el tiempo puede llevar a menudo a un trabajo de mala calidad.

Otro punto clave es actuar como si ya tuvieras esa cierta mentalidad a la que aspiras. Por ejemplo, si se trata de algo relacionado con tu cuerpo, actuarías como si estuvieras en forma, sano y confiado en ti mismo. Disfruta de tu vida y de las cosas que ya tienes, así como actuar como si ya hubieras alcanzado esos objetivos. Por supuesto, también tienes que esforzarte un poco, como empezar a comer sano o hacer footing durante quince minutos por la mañana. Una vez que empieces a hacerlo y a actuar, empezarás a sentirte con ganas. Juegas a fingir hasta que se convierte en real, casi como "fingir hasta que lo consigues".

Cuando te sientas como si estuvieras en el lugar más oscuro de la vida ahora mismo y no tengas la fuerza para pedir ayuda o ponerte de pie, debes saber que eres capaz de hacerlo por ti mismo. No necesitas medicación para deshacerte de la depresión, pero todo lo que necesitas es el poder de tu propia mente. Tienes que darte cuenta de que no debes perder el tiempo estando triste e incapaz de seguir adelante, mirar atrás a las cosas que te hacen feliz en la vida o cambiar tu horario. Si nada te interesa y tu vida es aburrida, entonces hazla más divertida. Hay innumerables posibilidades en el mundo y tantas cosas para aprender y explorar, que no deberías renunciar si te sientes deprimido en este momento de tu vida, pero aguanta, encuentra maneras de hacerlo mejor. Contrólate y dite a ti mismo que esto no es lo que eres, tus emociones, por muy oscuras que sean, no deberían definir tu forma de vivir. No llores por cosas que no tienes o por las cosas que sufres, no es bueno prestarle más atención al asunto en cuestión, haciendo que sea menos probable que mejore. Sólo estás influenciado psicológicamente, ¡todo está en tu cabeza! Te haces sentir como lo haces y nada más. A veces es difícil dejar ir algo que se convirtió en parte de tu vida diaria y en parte de ti, pero es para mejor para mejorar y seguir adelante.

Pero a veces no puedes controlar la forma en que actúas o te sientes, como por ejemplo tener ansiedad. Es una emoción fuerte que afecta a casi una de cada cinco personas. Mira a tu alrededor, en un autobús que viajas desde el trabajo o en una reunión a la que asistes todos los días, hay tantas personas que ves todos los días, tantos rostros diferentes que pueden o no tener problemas similares a los tuyos. Todo el mundo se enfrenta a algo, sabe que no estás solo. Acepta tus sentimientos y emociones y la forma en que te hace sentir y aprende a convertirlos en algo más grande.

Convierte tu ansiedad en una excitación abrumadora, cambia la situación y conviértela en un resultado positivo. Acérquese a la gente para pedir ayuda y consuelo, pero recuerde que el mejor consuelo es usted mismo. Siéntate y bebe un poco de té o café caliente, cambia la forma en que ves tu situación y date cuenta de que no vas a estar así para siempre. Si un problema mental es lo que te bloquea para lograr la mentalidad correcta, entonces encuentra una manera de evitarlo, no dejes que nada te haga caer. Tu mente es mucho más poderosa que lo que otras personas te hacen creer, tienes lo necesario para cambiar tu propia vida.

Acepta tu forma de ser, no siempre estés ansioso por cambiar a lo que quieres llegar a ser. Sé amable contigo mismo, sólo vas a tener una oportunidad en la vida, así que haz que cuente. No pierdas tiempo llorando tus pérdidas porque eso no te llevará a ninguna parte. Sólo cuando seas capaz de encontrar la paz contigo mismo, entonces la vida seguramente se pondrá patas arriba para mejor. Tienes que encontrar la felicidad y la aceptación en el presente en lugar de saltar al futuro. Recuerda respirar el aire que te rodea, despeja tu cabeza y abre los ojos. No tengas miedo de enfrentar el presente y aprende a aceptarte como eres. Deja de quejarte de cada inconveniente que ocurra en tu vida, sé consciente de que es sólo un simple saludo antes de que se vaya de nuevo. Abre tu corazón al amor y dáselo a ti mismo y a los que te rodean. Las diferentes energías que la gente lleva son como imanes, se atraen o repelen mutuamente, si difunden el amor y la paz a su alrededor, entonces otras personas se sentirán atraídas por ustedes. La calidad de nuestra vida depende de la calidad de nuestro pensamiento.

Mantente sano y no seas duro contigo mismo porque tu mente también necesita un descanso al igual que tu cuerpo físico. Duerme suficientes horas, se recomienda que duermas de 7 a 10 horas de sueño al día, planifica bien tu horario porque incluso cuando duermes, tu mente sigue trabajando y reflexionando sobre todo lo que hiciste durante el día.

Mira tus recuerdos y se asegura de que los recuerdes. Elimina las toxinas que se produjeron durante el día y se refresca para el nuevo día que se avecina. La actividad más importante que hace el cerebro es el sueño. Los sueños son importantes, algunos de ellos te hacen sentir increíble y esperanzado para el futuro. Incluso te motivan a tener éxito en la vida porque cuando sueñas, tus emociones y reacciones son reales, aunque todo pase en tu cabeza. Finalmente puedes sentir la emoción de conseguir ese coche que siempre has querido y que te empujará a conseguirlo en la vida real. Es una gran forma de motivación y te da un descanso de la realidad. También hay tantos estudios médicos que demuestran que la falta de sueño puede llevar a innumerables problemas de salud. Así que, ¡cambia tus planes para hoy y duerme bien!

Acostúmbrese a comer suficientes vegetales y frutas para mantener un estilo de vida saludable y equilibrado. Caminar es la forma más básica y fácil de hacer ejercicio, en lugar de ir en coche a los sitios, caminar 10.000 pasos al día puede cambiar su forma de vida. Está ayudando a su cuerpo a mantenerse sano y eliminando el riesgo de tener un problema de salud en el futuro. Empieza a cuidarte porque muchos problemas de salud son permanentes y pueden afectarte negativamente. Pero también sepa cuándo recompensarse por las cosas buenas que está haciendo por su cuerpo.

Esto es mucho para procesar, así que resumámoslo rápidamente. El primer paso es controlar lo que pasa en tu cabeza, no te desanimes fácilmente. Las bajadas en tu vida son sólo una parte de las pruebas que te ayudarán en el futuro. Detén la autocomplacencia negativa cambiando tu forma de pensar. Algunos puntos clave para controlar los pensamientos negativos son rodearse de personas positivas, escribir tus pensamientos, interrogarlas y cambiar su causa. Tu mente cree lo que le digas, así que continúa con las afirmaciones positivas. Concéntrate en ti mismo y date el amor y la atención que necesitas. Establece tus metas, sabe que nada se va a lograr por sí solo de la noche a la mañana, así que ten paciencia. Sepa que tiene el poder de cambiar, pero primero acéptese a sí mismo por lo que es, no puede cambiarse a sí mismo para ser una persona completamente diferente, pero puede actualizarse para ser la mejor versión de sí mismo que pueda ser. Fíngelo hasta que lo consigas, actúa como si fueras el dueño y lo tienes, todo lo que tienes que hacer es averiguar cómo obtenerlo.

El universo ya sabe la respuesta a esa pregunta, y empezará a soltar pistas tarde o temprano. Finalmente, duerme mucho y mantente sano. Ayuda a tu cuerpo a deshacerse de las toxinas comiendo sano, te lo agradecerá más adelante en el futuro. El éxito está a la vuelta de la esquina.

WE ARE
WHAT
WE
THINK

Capítulo 9 Establecer una Rutina

Cuando crecíamos, a muchos de nosotros se nos recordaba la hora de ir a descansar, y la hora de levantarnos, cuando necesitamos hacer los deberes, la hora de ducharnos, cenar y jugar con nuestros amigos.

Sin embargo, esto no sucede cuando nos convertimos en adultos. Muchos adultos no tienen un horario específico para su día. De hecho, la mayoría no tienen ni idea de lo que van a hacer una vez que se despierten porque no han decidido crear un horario a seguir. Por lo tanto, esto hace que muchos adultos se estresen, se abrumen, se pongan ansiosos y no alcancen sus verdaderas habilidades.

La forma de resolver esto es crear un horario rutinario que funcione bien para cada uno, y que nos permita ser productivos, controlados y la mejor persona que podamos ser.

Una vez vi una rutina diaria tan monótona y restrictiva, que estoy seguro es una opinión que muchos comparten. Viven su vida, pensando que son libres de alguna manera, de una manera salvaje y fantástica. Más bien, me ha llamado la atención que el camino hacia la libertad, la productividad, la alegría es para que podamos realizar nuestro verdadero potencial es desarrollar y adherirnos a una rutina. Por lo tanto, con una cierta rutina, todos estaríamos mejor.

Si seguimos una rutina todos los días, la necesidad de tomar decisiones todos los días se reduce. Nos permite comprender con precisión qué deberes debemos realizar diariamente sin demasiada contemplación. Entendemos lo que sucede a continuación sin demasiada reflexión cuando terminamos una tarea. Se enumeran las actividades, lo que conduce a una mayor eficiencia.

Cuando diseñamos una rutina a fondo, nuestras actividades deben ser programadas cada mañana, y nuestro precioso tiempo debe ser asignado.

Una rutina diaria ofrece nuestro marco de vida y razonamiento. Ofrece la base de nuestra vida y los eventos de cada día. Pronto nos familiarizamos con lo que necesitamos hacer diariamente y nos sentimos cómodos. Nos permite experimentar el flujo de la corriente.

Pasamos el tiempo libre en la planificación, la toma de decisiones y el entrenamiento siguiendo una rutina. Nuestro horario ha sido predefinido y nos permite usar nuestro tiempo de manera efectiva. La repetitividad es la clave para las prácticas saludables. Promueve el desarrollo de conductas saludables, motivándonos a hacer las mismas tareas siempre que diseñemos una rutina privada que nos funcione. Como cada mañana, nos adherimos a una rutina que nos permite promover prácticas que corresponden a nuestros objetivos y ambiciones.

Mientras que nuestra rutina nos permite construir buenas prácticas para aprovechar al máximo nuestro potencial, también nos hace eliminar los malos hábitos que no nos funcionan bien. Por repetición, podemos sustituir lentamente nuestros malos hábitos por otros excelentes. Esto nos permite, ante todo, lograr nuestros objetivos cuando diseñamos y seguimos nuestras tareas. Entendemos la importancia de completar nuestras tareas, y la sensación de logro cuando conseguimos tachar algo de la lista es bastante gratificante.

El valor de desarrollar una cierta rutina nos obliga a priorizar y decidir lo que nos importa. Ya entendemos qué hacer y qué hacer en lugar de tomar estas decisiones todos los días, porque las hemos programado de cerca. Después de buscar mi alma y mirarla de cerca, por ejemplo, decidí asegurarme de que era concienzudo y saludable para incorporar la meditación y el entrenamiento en mi rutina.

Cada vez que un conjunto de tareas y actividades se convierten en una rutina, se reducen las posibilidades de que las pospongamos. Se convierte en parte de nosotros hasta el punto de que podemos hacerlo subconscientemente.

La repetición crea un impulso, haciendo más fácil continuar cuando haces las mismas cosas repetidamente. Por eso es más sencillo ir al gimnasio; cuanto más a menudo lo hagas. El paso del tiempo es un factor importante para asegurar el logro y ayudar a crear ese impulso siguiendo una rutina.

Permite crear confianza y nos proporciona una sensación de enorme satisfacción cuando nos adherimos y seguimos una rutina. Eso nos da el combustible para seguir y aprovechar nuestra rutina. Y una de las principales razones por las que es difícil para los individuos cambiar su vida para mejor es la falta de confianza en sí mismos.

Puede ayudarnos a ahorrar dinero si seguimos una rutina y hacemos lo mismo una y otra vez. Por ejemplo, todas las mañanas, el jugo de frutas y verduras es parte de mi rutina. Puedo comprar mis frutas y verduras en grandes cantidades, ahorrándome dinero porque entiendo que voy a seguir esta rutina religiosamente. Lo mismo ocurre con mucho más, como el precio de la membresía en el gimnasio a largo plazo.

Ciertas cosas siempre estarán fuera de nuestro control en nuestras vidas, y debemos reconocerlo. Sin embargo, podemos regular tanto, particularmente si seguimos una rutina. Reduce la presión cuando diseñamos y seguimos una rutina porque no necesitamos averiguar qué es lo que tiene que pasar a continuación.

Rara vez, si es que alguna vez, se cumplen nuestros objetivos y ambiciones a la vez. Los individuos exitosos logran sus objetivos haciendo repetidamente las mismas cosas. Un deportista se vuelve excelente en su juego si continúa practicando diariamente. Un artista repite constantemente su arte.

Una de las formas más seguras de asegurar su logro es desarrollar y mantener una rutina consistente con sus objetivos.

Es un excelente método para monitorear el progreso. Podemos crear cambios y volver a nuestras rutinas privadas mientras confiamos en que estamos de vuelta en el camino correcto.

Ten en cuenta que está bien si decides seguir tu rutina sólo los fines de semana, o en caso de que tengas una rutina diferente los lunes, miércoles y viernes. También está completamente bien elegir no hacer nada. Lo has considerado detenidamente y eres consciente de tus decisiones.

Lo más importante aquí es que debe considerarlo y ser consciente de sus decisiones exhaustivamente. Una rutina es una decisión deliberada de vivir su vida de una cierta manera. Es uno de los secretos del éxito y la buena fortuna. Cada uno de nosotros tiene deseos, necesidades, objetivos y recursos específicos.

Por lo tanto, después de elegir exhaustivamente lo que queremos lograr en nuestra vida, es esencial que creemos nuestras propias rutinas. Ciertamente vale la pena intentar cosechar los beneficios. Hoy es un nuevo día, y nunca es demasiado tarde para comenzar su rutina.

"Somos lo que hacemos repetidamente. La excelencia, entonces, no es un acto, es un hábito." - Aristóteles

Debido a que no quería vivir mi vida de acuerdo con las normas que otras personas me imponían, luché contra el desarrollo de prácticas y rutinas saludables. Además, mantener una rutina era un trabajo duro.

Resulta que es mucho más agotador emocionalmente no tener ninguna rutina o estructura en absoluto.

Evitar hacer lo que sabía que me ayudaría. Por ejemplo, al meditar, crear una lista de gratitud y hacer ejercicio, me quitaba la energía que este tipo de operaciones beneficiosas producen en mi cuerpo y mi mente. Dentro y fuera, me sentía cansado. Mis sueños y objetivos se desvanecían, lo que me llevaba al aislamiento y a un sentimiento de impotencia.

Ahora, estoy más motivado y apasionado, lo que hace posible que cumpla mis objetivos. Tengo suficiente electricidad mental y corporal para hacer mis días interesantes, incluso los días en que es difícil para mí. Encuentro la felicidad y más comodidad con la excelente y profunda de mi vida.

Uno de los cambios que tuve que hacer para que esto sucediera fue cambiar mi visión sobre las rutinas. Cuando sufro un episodio depresivo, tiendo a depender en gran medida de hacer un horario y cumplirlo.

Sin embargo, lo admito: crear hábitos productivos no es fácil.

Aquí hay algo que debes recordar: lo que funciona para alguien más no significa que funcionará para ti. Por eso es importante elegir tareas que vayan bien contigo. Ve por tareas que te permitan convertirte en la mejor versión de ti mismo, y mantén esas tareas.

No tengas miedo de mantener tus pies en agua fresca y aprender cómo funciona para ti. Si te dejan sintiéndote rejuvenecido, entonces necesitas mantenerlos. Si no continúan probando nuevas hasta que encuentres la correcta, el secreto es construir diariamente patrones normales y estables, que te empujen a donde quieras en la vida, permitiéndote aprovechar cada etapa como sea posible.

Un pasatiempo diario te hace alcanzar una atención como la del láser desde que te levantas por la mañana hasta que cierras los ojos. A continuación, se presentan algunas formas de considerar.

Ser positivo: Empieza el día con motivación. Puede ser cualquier cosa, desde afirmaciones positivas hasta repetir una tarea que estés decidido a hacer ese día. Esto inicia tu día con el tipo de mentalidad correcta. No te agobies con una lista de tareas justo cuando te despiertes; céntrate primero en ti mismo.

El propósito de esto es enviar una orden de tu pensamiento consciente a tu mente subconsciente. Tu idea inconsciente tiene que estar de acuerdo con lo que le dices, y hará cualquier cosa para cambiar las instrucciones en una realidad.

Asegúrate de que tu lista de tareas diarias sea relativamente corta para que sea algo que puedas completar y no sea abrumador.

Una técnica importante para asegurar que su lista sea fácil es aplicar la Post-It-Nota. Las medidas de una Post-It-Note son excelentes porque el límite de tamaño te hará registrar completamente lo más crítico que tienes que hacer cada día.

Aunque cada uno de los consejos anteriores está pensado para ayudarte a avanzar, a veces, sólo necesitas darte un respiro. Los descansos evitarán que te aburras y pierdas la concentración. Al mismo tiempo, los descansos potenciarán la función de tu cerebro. Te obligará a reevaluar en qué estás trabajando, asegurándote de que te mueves en la dirección correcta.

Subdividir tu día en tareas más pequeñas asegura que te mantengas en la cima de tu juego.

Aunque se supone que todos estos consejos te ayudarán a seguir adelante, en ocasiones sólo necesitas dar un paso más y dejar de pensar.

Si pasas mucho tiempo haciendo una sola cosa, puede hacer que pierdas el interés y la concentración. Y si estás trabajando en una tarea que odias hacer; lo hace menos difícil porque sólo estarás haciendo un poco de ella.

Pasa tu tiempo trabajando en lo que quieres optimizando el resultado en el menor tiempo. La forma en que valoras tu tiempo y lo utilizas es lo importante. Trata de revisar tu día y averiguar cómo puedes dividirlo en bloques de tiempo, donde también tengas tiempo para la recreación.

Está bien ser flexible cuando se trata de construir nuevos hábitos. En otras palabras, sea específico en lo que busca, pero mantenga la flexibilidad para trabajar dentro de su estilo de vida para que sus hábitos se mantengan.

No hay dos días que sean iguales. Nuestra energía mental puede estar preparada para completar tareas un día y totalmente agotada al siguiente.

Así que, si no puedes hacerlo todo de una vez, está bien. No te sientas culpable o como si no fueras lo suficientemente productivo. La Asociación Americana de Psicología sugiere que, para mejorar nuestro éxito, debemos enfocarnos en un objetivo a la vez.

Capítulo 10 Ejercicios para aplicar en la vida diaria

No siempre puedes confiar en tus hábitos inconscientes (ya sean buenos o malos) para hacer todo el trabajo por ti. A veces, tienes que tomar pensamientos, decisiones y acciones deliberadas para ayudarte a avanzar en la vida. Hasta ahora, es probable que muchas de las acciones que has realizado en tu vida estén respaldadas por pequeños hábitos molestos como el auto discurso negativo, la falta de confianza en ti mismo o tu compromiso de mantenerte cómodo. Sin embargo, no todas las acciones que realiza son un hábito y, por lo tanto, cuando llegue a nuevas decisiones, debe saber cómo actuar conscientemente en su vida y avanzar intencionalmente y con éxito en la dirección correcta. En este capítulo, voy a mostrarles cómo fui capaz de dejar de tomar decisiones débiles en cada momento y empezar a tomar acciones audaces, confiadas y enfocadas en mi vida.

El despertar es un estado de conciencia tranquila. En un estado de despertar, estás en un estado de mayor conciencia de tu cuerpo. Puede ser increíblemente calmante y relajante y puede hacer maravillas cuando intentas controlar tu propio comportamiento. Aprender estos ejercicios podría hacer maravillas en su capacidad de autorregulación, y le permitirá regularse mejor. Cuando se sienta estresado, tenso, abrumado o cualquier otro sentimiento negativo, volver a algunos de estos métodos podría ayudarle enormemente a mantener el control sobre sí mismo y encontrar una relajación tranquila.

Mantenerse Quieto

Aunque pueda parecer una especie de contra intuición, la quietud, el congelamiento, puede proporcionarle una especie de despertar propio sin requerir nada más que su cuerpo y un espacio tranquilo para detenerse. No piense en nada en este momento. Respire profundamente y despeje su mente.

No te concentres en tu respiración o en tu cuerpo, simplemente en la quietud que te rodea. Concéntrese en la quietud que invita a la quietud y encuentre allí comodidad.

Mientras estás allí, permítete estar en paz. Acéptense por lo que son, por lo que hacen y por cómo se comportan. No hay críticas durante este tiempo, sólo aceptación tranquila y deberían ser capaces de encontrar consuelo en eso. Asegúrate de continuar respirando, lenta, rítmica y metódicamente. Con cada respiración, permite que tu tensión, tu preocupación y tus miedos se reúnan dentro de ti. Con cada respiración, déjalo ir. Libera esos sentimientos en el mundo y no te preocupes más por ellos. Permítete liberarte y disfrútalo.

Tu cuerpo comenzará lentamente a relajarse. Entrarás en un estado de calma. Permítete permanecer en ese estado, curándote, amándote y aceptándote como eres. Entonces deja que la respiración se vaya.

Restaurar Su Atención

Este método de despertar involucra la recolección de sus pensamientos. Te permite centrar tu atención en el mundo que te rodea, recogiendo esa atención y siendo capaz de permanecer vigilante y atento mientras caminas por el mundo. Deberías ser capaz de sentir que tu bienestar mejora a medida que lo haces, reconociendo que te estás volviendo más confiado y determinado en ti mismo a medida que atraviesas el proceso. Puedes usar esto en silencio en cualquier momento en que te sientas abrumado o como si ya no pudieras funcionar o concentrarte.

Elija un área para dar un paseo. Puede ser a través de su vecindario, en un parque, en un sendero natural o en cualquier otra cosa. Al comenzar la caminata, concéntrese en cada una de las cosas que vea. Enfócate en las formas que ves y cuéntalas. Cualquier estructura puede ser una forma. A medida que camine, etiquete lo que sea y cuéntelo mientras camina. Si ves un pájaro, anótalo y cuenta uno.

A medida que avanzas, si ves un árbol, cuenta dos. Otro paso, ves un diente de león, son tres. Sigues adelante, mirando todo lo que te rodea y contando a medida que avanzas. Eventualmente, dejarás de pensar mientras lo haces. Eventualmente entrarás en un estado de calma y tranquilidad en el que todo lo que existe en el mundo a tu alrededor como un todo, en lugar de objetos individuales, y encontrarás tu mente en paz y tranquilidad.

Consciencia de Su Respiración

La respiración es esencial para su propio ser. Lo necesitas para sobrevivir. Sin ella, morirás. Puedes desencadenar un estado de despertar a través de la conciencia de tu respiración si te sientas, te relajas y dejas que la respiración se produzca de forma natural.

Cuando intente esto, empiece a sentarse. Debes cruzar las piernas, descansar las manos sobre las piernas y enderezarte en una postura adecuada. No se aferre a un exceso de tensión, sólo lo distraerá del objetivo adecuado. Cuando esté sentado, relajado y cómodo, estará listo para empezar a respirar. Hay varias técnicas de respiración diferentes que puede utilizar para desencadenar su estado de calma y que puede encontrar en Internet y también en otros libros. Por ahora, este libro le ofrecerá dos técnicas de respiración diferentes:

La Respiración de Un Minuto

Se cree que este tipo de respiración ayuda a despejar la mente y a calmar cualquier ansiedad o miedo que pueda estar sintiendo en el momento. Es bastante simple, aunque puede requerir algo de práctica para aprender a ejecutarla correctamente. El objetivo final es extender la respiración a un minuto entero para una sola respiración. Usted inhalaría durante 20 segundos, llenando lentamente sus pulmones con aire. Usted sostendría el aire durante 20 segundos, permitiéndole descansar en su pulmón y permanecer allí. Por último, exhalarías tu aliento durante 20 segundos antes de empezar de nuevo. Este proceso debería repetirse durante al menos tres minutos para un efecto ideal.

Si esto parece demasiado desalentador o sus pulmones no son lo suficientemente fuertes todavía, puede comenzar con intervalos de 5 segundos, en los que usted toma su aliento durante 5 segundos, lo mantiene por 5 segundos, y exhala por 5 segundos y lentamente se empuja hasta que pueda tomar una respiración en un minuto. Una vez más, asegúrese de repetir el proceso durante al menos 3 minutos cada vez.

La Respiración de Enfriamiento

Este aliento te hace inhalar por la boca, a través de la lengua. La lengua debe ser retorcida en forma de U, con la punta de la lengua enrollada pegada justo por encima de los labios. Debes dejarla ahí e inhalar a través de la lengua como una pajita, aspirando el aire y dejando que llene tus pulmones. El aire estará frío. Mantén la respiración en tus pulmones por unos segundos, y luego exhala por la nariz. Asegúrate de que lo haces durante al menos tres minutos para obtener los mejores resultados. Este tipo de respiración es para calmar su sistema nervioso, calmando los nervios, y ayudándole a relajarse.

Meditación Consciente

Este ejercicio le ayudará a dibujarse a sí mismo, relajándose y tranquilizándose mientras permite que su mente descanse.

Empiece por sentarse. Encuentre un lugar cómodo y tranquilo y siéntese, descansando tranquilamente. Cruza las piernas delante de ti y endereza la columna vertebral sin endurecerla. Permita que sus brazos descansen naturalmente, con las manos apoyadas en las piernas. Deje que su barbilla caiga ligeramente; sus ojos se desviarán naturalmente hacia abajo y eso está bien. Siéntese en esta posición por unos momentos, concentrándose en su respiración. Siente cómo el aire viaja a través de tus pulmones y tu cuerpo antes de exhalar. Concéntrese en la sensación de que el aire entra y sale con su respiración. Si su mente divaga, está bien. Observe lo que sea que su mente esté enfocando, en silencio y sin juicios, y tranquilamente redireccione hacia atrás. Está bien distraerse a veces, y puede que aprendas algo sobre ti mismo cuando sigas un pensamiento que te llame la atención.

Después de un tiempo predeterminado, o cuando estés listo, abre los ojos o levanta la mirada. Escucha el mundo que te rodea, con calma. Presta atención a cómo te sientes en ese momento. ¿En qué estás pensando? ¿Qué es lo que sientes? Tómese un momento para simplemente deleitarse con el sentimiento, disfrutando del momento de tranquilidad, y luego siga adelante con su día.

Yoga

Todo el propósito del yoga es alcanzar un estado de despertar consciente a través de movimientos y estiramientos rítmicos y calmantes. Se hace ejercicio mientras se relaja el cuerpo, fortaleciendo lentamente, estirando y sintiendo que cada músculo se relaja. Tu mente se calma mientras respiras constantemente. Te sientes tranquilo y a gusto. Hay varias poses para una amplia gama de diferentes propósitos y niveles de habilidad. Esta sección introducirá una postura básica de calma.

La Postura del Niño

La postura del niño es una postura de principiante que puede utilizarse para descansar, aclarar la mente y reducir el estrés mientras se estiran las piernas, las caderas y la espalda.

Comienza poniéndote de rodillas. Respire profundamente y anime a su mente a despejarse. Concéntrese en cómo se siente la respiración en sus pulmones. Separe las rodillas mientras mantiene los pies y los dedos de los pies tocándose. Relájese hacia atrás, permitiendo que sus nalgas caigan y descansen sobre los talones de sus pies. Modifique esto sin embargo necesario para obtener una posición general - las mujeres embarazadas deben modificar esta postura para evitar la presión en sus vientres. Si tiene las caderas apretadas, puede mantener las piernas juntas en lugar de estirarlas.

Siéntese y estire su columna vertebral, sintiendo que se endereza entre su cabeza y su coxis. Respire profundamente otra vez, y al exhalar, permita que su torso y sus brazos se deslicen hacia adelante. El pecho debe estar entre los muslos y la frente hasta el suelo, con los brazos estirados hacia fuera y las palmas de las manos contra el suelo. Relaje su espalda, permitiendo que la tensión se disuelva del torso. Mantenga la postura y respire profunda y suavemente. A medida que suelte la pose, empújese lentamente hacia arriba con las manos y siéntese en los talones.

Postura Consciente

Tu postura puede controlar la forma en que te sientes. Si estás encorvada, escondida dentro de ti misma y tratando de hacerte lo más pequeña posible, no te vas a sentir tranquila o calmada. Puede alterar la forma en que se siente al ser consciente de cómo está parado, y si es consciente de las formas en que puede pararse y de cómo se siente cuando se pone de pie en determinadas posturas y posturas, podrá relajarse. Incluso puedes encontrar el despertar al hacerlo, una mayor sensación de conciencia de lo que está sucediendo dentro de tu cuerpo.

Comienza reconociendo cómo estás parado. Libere la tensión que se está aferrando a su cuerpo. Sacuda sus hombros o su espalda y permita que la tensión se disuelva. Debe pararse derecho, con la columna vertebral recta y alineada, y permitir que se relaje. Estire su columna, permitiendo que la tensión viaje a través de su columna y a través de sus piernas, hacia el suelo.

Afloje los hombros y mantenga la cabeza alta, pero relajada. No quieres desencadenar la agresión o la ira, sino una sensación de calma tranquila en la que puedas retirarte y reflexionar.

Puede hacerlo sentado también, con las piernas cruzadas y con las manos apoyadas suavemente en las piernas. Debe ser capaz de sentir la tensión derretirse con sus respiraciones profundas. Calmar la mente y escuchar la respiración, contándola mientras entra y sale de forma lenta pero segura.

Auto Masaje

Empieza con las manos en las rodillas. Endereza la espalda y el cuello y asegúrate de estar estirado y cómodo. Respire profundamente y permita que sus hombros se muevan hacia adelante. Deberían moverse hacia adelante, y luego hacia arriba, moviéndose hacia tus ojos y oídos. Mientras exhala, permita que sus hombros terminen de rodar y luego vuelvan a su posición natural. Respira profundamente otra vez mientras dejas que tus hombros se relajen. Respire profundamente otra vez y repita este proceso por otro minuto.

Después de que el minuto haya pasado y los hombros estén relajados en su posición natural, respire profundamente y exhale. Otra vez respire profundamente y empuje los hombros hacia arriba, estirándolos lo más que pueda y manteniéndolos así por un momento. Después de que hayan pasado unos segundos y esté listo para exhalar, hágalo mientras deja que sus hombros vuelvan a su lugar natural.

Esto le permite liberar la tensión que puede tener en el cuello y los hombros, y al hacerlo puede permitirle relajarse más. La respiración puede ayudarle a trabajar hacia un estado de despertar mientras la sensación de calor de haber estirado y relajado sus hombros y cuello se extiende y circula.

TAKE
ACTION

Conclusión

Espero que te vuelvas imparcial, fuerte, puro, positivo y libre de todo temor. Al adquirir conocimientos sobre todos los temas mencionados, aprenderá a abordar su mente para equilibrarla entre el estrés y la felicidad. No albergues en tu subconsciente ninguna negatividad.

Practique todos los ejercicios y buenos hábitos para mantener su salud física y mental. Después de leer este libro debes tener un control completo de tus pensamientos y el deseo de llenarlo con todas las afirmaciones positivas. Fortalece tu personalidad para que ningún mal pueda contaminarte. Sigue riendo todos los días y difunde el amor y la alegría a todos tus seres queridos. Sé estable y tranquilo para que no te quedes entre los extremos. Llena tu corazón de alegría y no de dolor de la pena y la miseria. Siempre estate cerca de Dios, él es el controlador de nuestra vida. Haz buenas obras porque tarde o temprano llegará el día en que tengamos que responderle sobre nuestras acciones.

Espero que mis lectores hayan disfrutado de este libro. Deseo que siempre recuerden todos los consejos que les sugerí para ser felices y positivos a lo largo de su vida. Recuerden todas las afirmaciones positivas regularmente y practiquen todos los ejercicios todos los días para mantener una buena salud.

CPSIA information can be obtained
at www.ICGtesting.com
Printed in the USA
LVHW010434220221
679515LV00004B/651